KB127826

辞書に載っていない韓日辞書

이거 일본어로 뭐지?

지은이 趙堈熙·河野奈津子·空佐知子

JPLUS

저자소개

조강희 [趙堈熙]
(현) 부산대학교 일어일문학과 교수

가와노 나츠코 [河野奈津子]
(현) 경성대학교 인문문화학부 일어일문전공 조교수

소라 사치코 [空佐知子]
(전) 부산외국어대학교 일본어창의융합학부 조교수

이거 일본어로 뭐지?

辞書に載っていない韓日辞書

개정판 2쇄 2019년 3월 25일
저자 조강희 [趙堈熙], 가와노 나츠코 [河野奈津子], 소라 사치코 [空佐知子]
발행인 이기선
발행처 제이플러스
주소 서울시 마포구 월드컵로 31길 62
전화 (02) 332-8320
팩스 (02) 332-8321
등록번호 제10-1680호
등록일자 1998년 12월 9일
홈페이지 www.jplus114.com
ISBN 979-11-5601-077-7(13730)

장기간 교단에서 일본어를 가르쳐오면서, 학생들의 일본어 오류가 모국어인 한국어의 간섭에 의한「한국식 일본어」에 있다는 것을 알게 되었다. 한국어는 어순이 일본어와 같기 때문에 비교적 배우기 쉬운 외국어임에는 틀림없지만, 비슷하겠지 하고 생각하는 부분에서 잘 틀리는 것이다.
그래서 한국어와 일본어의 표현 차이가 많은 단어를 한 권으로 정리해서 학습자에게 제공하면 어떨까 하는 생각에 이르게 되었다.
학교에서 배우는 학생들뿐만 아니라, 주변에서 '지금 쓰이고 있는 최신 일본어가 사전에 실려 있지 않다' 거나 'PC나 인터넷 등의 용어를 몰라서 일본인에게 설명할 수 없다' 와 같은 고충을 많이 듣게 되었다.

이런 이유로 이번에「일본어와 한국어의 표현의 차이」「보다 자연스러운 일본어 표현」「사전에 실려 있지 않은 새로운 조어나 표현」을 모으고 정리하여 1,000단어 정도의 단어집을 작성하게 되었다.
각 단어마다 한일 양국어의 의미와 용법을 설명하였고, 용례를 제시하여 편리하게 학습할 수 있도록 한 것이 큰 특징이다. 네이티브 체크를 몇 번이나 거치면서 어떻게 해야 잘 통할지 많은 수정에 수정을 거듭했음도 밝혀둔다. 하루가 멀다 하고 신조어가 쏟아지는 시대여서 머지않아 개정판을 내야 할지도 모르겠다. 이책에 꼭 실었으면 하는 표현이나, 이렇게 표현하면 더 좋겠다고 하는 좋은 의견들은 출판사 홈페이지에 남겨주시길 당부드린다.
끝으로, 단어 선정과 용례 수집에 도움을 준 학생들에게 감사하며, 이책의 마무리작업을 위해 오랜 시간 함께 애써온 편집자의 노고에 감사드린다. 아무쪼록 이 단어집이 일본어 학습자에게 좋은 지침이 되었으면 한다.

1	사전에 없는 단어	사전에 나와 있지 않은 단어를 기재하고 있다.
2	새로운 언어	인터넷, 시사용어 등 새로운 단어나 신조어가 다수 있다.
3	카테고리	카테고리마다 단어가 기재되고 있어 이해하기 쉽다.
4	예문	예문을 통해서 단어를 이해하기 쉽게 해설하고 있다.
5	한국식 일본어	한국인이 자주 틀리는 단어나 표현을 소개하고 있다.
6	한자	일본어와 한국어의 한자 차이를 알 수 있도록 하였다.
7	색인	권말에 색인을 수록하여 찾아보기 쉽게 하였다.

기호일람

【】	일본어와 한국어 단어의 영어 또는 한자를 표시 할 때는【 】에 넣는다. 예) イエローカード【yellowcard】, 도장【圖章】
△	일제 영어(일본식 영어)의 경우는 △마크로 표시되어 있다. 예) 혼혈【混血】 = ハーフ【Half】△
▲	콩글리쉬의 경우는 ▲마크로 표시되어 있다. 예) 아이쇼핑【eye shopping】▲
예문	한국어 예문을 일본어답게 번역한 예문이 기재되어 있다. 예문 그녀는 모델처럼 몸매가 좋다. 彼女(かのじょ)はモデルのようにスタイルがいい。
cf)	유의어, 관련어
〔俗〕	일본어 속어는〔俗〕마크로 표시되어 있다. 예) 반말 タメ口(ぐち), タメ語(ご)〔俗〕

1	辞書にない単語	辞書には記載されていない、単語を記載。
2	新語	インターネット、時事用語など、新しい言葉が多数。
3	カテゴリー	カテゴリー毎に、単語が記載されていて、分かりやすい。
4	例文	単語を例文を通して分かりやすく解説。
5	韓国式日本語	韓国人が間違えやすい単語、または表現を紹介。
6	漢字	日本語と韓国語の漢字の違いが分かる。
7	索引	巻末に、単語の索引を記載しており、単語検索がしやすい。

記号一覧

【】	英語、または漢字を記載する場合は、【 】の中に入れる。 例) イエローカード【yellowcard】, 도장【圖章】
△	和製英語の場合は、△マークで表示。 例) 혼혈【混血】= ハーフ【Half】△
▲	コングリッシュ(韓国式英語)の場合は、▲マークで表示。 例) 아이쇼핑【eye shopping】▲
예문	韓国語の例文を日本語らしく翻訳したものが記載されている。 예문 그녀는 모델처럼 몸매가 좋다. 彼女(かのじょ)はモデルのようにスタイルがいい。
cf)	類義語, 関連語
〔俗〕	日本語の俗語は〔俗〕マークで表示。 例) 반말 タメ口(ぐち), タメ語(ご)〔俗〕

목차目次

Category별 단어수

Category	단어수
1 말	112
2 통신 • 전자제품	152
3 문화 • 오락	52
4 패션 • 미용 • 건강	92
5 생활	49
6 음식	69
7 교통	44
8 장소	35
9 사람	55
10 교육	36
11 정치경제	48
12 스포츠	67
계	811

칼럼 1 외래어의 표기규칙	53
칼럼 2 나라, 지역이름	38
칼럼 3 도시이름	38
칼럼 4 인명	23
칼럼 5 영어 색깔명	16
칼럼 6 일본에는 없는 한국 한자어	143
칼럼 7 일본어와 뜻이 다른 한국 한자어	19
계	330

1
Chapter
말 言葉(ことば)

명사_名詞(めいし)

구경 【求景】

見物(けんぶつ)

해설 한국어 '구경'은 운동경기, 옷, 싸움 등 넓은 범위에서 사용하지만, 일본어 '見物(けんぶつ)'는 명소나 관광지, 이벤트 등에 한해서만 사용한다.

예문 이 옷 구경해도 돼요?

この服(ふく)ちょっと見(み)ていいですか。(×この服見物(ふくけんぶつ)してもいいですか。)

예문 이번 주말에 동물원 구경 갈까?

週末(しゅうまつ)、動物園(どうぶつえん)行(い)かない?

예문 서울 구경 하면 빼먹으면 안 되는 코스를 알려 주세요.

ソウル見物(けんぶつ)をするなら、絶対外(ぜったいはず)せないというコースを教(おし)えてください。

대리만족 【代理満足】

したつもりになること, した気(き)になること

주의 한자 그대로 쓰지 않도록 주의한다.

예문 모피 코트를 사고 싶었는데 비싸서, 대신 옆에 있는 모피 조끼를 사서 대리만족을 했다.

毛皮(けがわ)のコートを買(か)いたかったが、高(たか)かったので代(か)わりに毛皮(けがわ)のベストを買(か)って、コートを買(か)ったつもりになった。

예문 프랑스여행을 못 가게 되어, 에펠탑과 세느강 사진을 보며 대리만족을 느꼈다.

フランス旅行(りょこう)に行(い)けなくなったので、エッフェル塔(とう)とセーヌ川(がわ)の写真(しゃしん)を見(み)て、行(い)った気(き)になった。

대박
【大搏】

❶ すごい！, やばい！〔俗〕

예문 대박 웃긴 사진!

すごいウケる写真(しゃしん)!

예문 남자A: 왜 그렇게 웃고 있어?
남자B: 이 동영상 좀 봐! 대박 웃겨!

男性(だんせい)A: なんでそんなに笑(わら)ってんの？
男性(だんせい)B: この動画(どうが)ちょっと見(み)てみろよ！ かなりウケるんだけど!

❷ 大(だい)ヒットする, 大当(おおあ)たりする

참고 대박 영화 大(だい)ヒット映画(えいが)

예문 이 가게, 맛있으니까 틀림없이 대박 날거야.

この店(みせ)、おいしいから絶対流行(ぜったいはや)るだろう。

예문 인터넷 쇼핑몰 : 오늘의 대박 상품, 니트 원피스입니다!

インターネットのショッピングモール：
本日(ほんじつ)の売(う)れ筋商品(すじしょうひん)、ニットワンピースです!

동기부여
【動機附與】

モチベーション【motivation】**, 動機付(どうきづ)け**

예문 곧 시험인데요. 동기부여 되는 말 좀 알려 주세요.

もうすぐ試験(しけん)なんですが、モチベーションが上(あ)がるような言葉(ことば)を教(おし)えてください。

예문 종업원들의 능력과 동기 부여가 중요하다.

従業員(じゅうぎょういん)の能力(のうりょく)とモチベーションが重要(じゅうよう)だ。

반말
【半-】

タメ口(ぐち), タメ語(ご) [俗]

해설 존경어가 아닌 낮춤말이다. 일본어의 경어 사용법은 한국과 다른 부분도 있으므로 주의해야 한다.

예문 아이: 아저씨, 고마워.

엄마: 어른에게 반말 쓰면 못써.

子(こ)ども: おじちゃん、ありがと。

母親(ははおや): 大人(おとな)にはタメ口(ぐち)を利(き)いたらだめ。/大人(おとな)には敬語(けいご)を使(つか)いなさい。

예문 동갑이네? 반말하자.

同(おな)い年(どし)だよね？敬語(けいご)使(つか)うのやめよう。

방귀 뀐 놈이 성내다

逆(ぎゃく)ギレする [俗]

주의 '逆ギレ'라는 말은 뉴스나 격식을 차리는 장면에서는 거의 사용하지 않는다.

예문 남자: 유미가 잘못했는데, 오히려 우리에게 화를 냈어.

여자: 방귀 뀐 놈이 성냈네.

男性(だんせい): ユミがしくじったのに、なぜか俺(おれ)たちに怒(おこ)り出(だ)した。

女性(じょせい): 逆(ぎゃく)ギレだね。

예문 그 축구선수는 자기 실수로 경고를 받았었는데, 큰 소리로 심판에게 욕설을 퍼부었다. 정말 방귀 뀐 놈이 성낸 모양이다.

そのサッカー選手は、自分のミスでイエローカードを受けたのに、大声で審判に罵声を浴びせた。まさに逆ギレだ。

사고 방식
【思考方式】

考え方

주의 일본어에서는 '思考方式(しこうほうしき)'라는 표현은 거의 쓰지 않는다.

예문 아버지는 사고 방식이 낡았다.

父は考え方が古い。

예문 너와 나는 사고 방식이 달라. 우리 헤어지자.

君と僕は考え方が違う。僕たち別れよう。

사투리

方言, なまり

해설 그 지역의 방언이라고 하는 의미로서 지역 명+弁(べん)도 많이 쓴다. 오사카 사투리는 '大阪弁(おおさかべん)', 규슈 사투리는 '九州弁(きゅうしゅうべん)'.

예문 사람들은 경상도 사투리가 무뚝뚝하다고 한다.

キョンサン道なまりは無愛想だと言われる。

예문 나는 사투리 쓰는 사람을 좋아한다.

私は方言(×弁)を使う人が好きだ。

삿대질

相手に向かって指差すこと

예문 다른 사람한테 삿대질하면 안 돼!

他の人を指差したらダメ！

예문 외국인: 삿대질이 뭐에요?

한국인: 상대방의 얼굴을 향해 손가락으로 가리키는 거에요.

外国人：サッデジルって何ですか？

韓国人：相手の顔に向けて指差すことです。

상의
【相議】

話し合い，相談

예문 나는 부모님과 결혼 문제에 대해 상의했다.

私は両親と結婚の問題について話し合った。

예문 선생님: 기동아, 교무실에는 무슨 일이니?

기동: 진로에 관한 문제로 선생님과 상의하고 싶어서요.

先生：ギドン、職員室に何しに来たんだ？

ギドン：進路に関する問題を先生に相談したくて。

성접대
【性接待】

枕営業〔俗〕，裏接待〔俗〕，性行為で接待をすること

해설 '枕営業(まくらえいぎょう)', '裏接待(うらせったい)'와 같은 말은 속어이기 때문에 뉴스나 신문 등에서는 사용하지 않는다.

예문 관계자는 일부 직원이 성접대를 받은 의혹이 있다고 밝혔다.

関係者は一部職員が性的な接待を受けた疑惑があると明らかにした。

예문 어떤 탤런트가 성접대를 강요당한 사실을 고백했다.

あるタレントが裏接待を強要された事実を告白した。

성폭행
【性暴行】

レイプ, 婦女暴行

예문 학교에서 선배나 불량배에게 금품갈취 또는 성폭행을 당했을 때, 피해 신고를 하지 않는 학생들도 있다고 한다.

学校で先輩や不良学生から恐喝やレイプにあった場合、被害を届け出ない学生もいるそうだ。

예문 성폭행 혐의로 구속 기소된 김모 씨에게 징역 7년형을 선고했다.

婦女暴行の容疑で拘束起訴されたキム某に、懲役7年の判決を言い渡した。

성희롱
【性戲弄】

セクハラ, セクシャルハラスメント【sexual harassment】

예문 피해자 A씨는 성희롱 당한 사실을 가족들에게 알렸다는 이유로 회사로부터 해고됐다.

被害者A氏はセクハラされた事実を家族に明かしたという理由で解雇された。

예문 심야에 일을 배우고 있을 때, 부장님에게 성희롱을 당했다.

深夜、仕事を教えてもらっていた時、部長からセクハラされた。

소감
【所感】

感想, あいさつ, 言葉, 感じたこと △所感

해설 '所感(しょかん)'은 주로 문어체에서 쓴다.

예문 총리는 1일 발표한 신년사(연두소감)에서…

総理(そうり)は1日(ついたち)発表(はっぴょう)した年頭所感(ねんとうしょかん)で…

예문 전교 부회장에 당선돼서 당선소감을 써야 한다.

全校副会長(ぜんこうふくかいちょう)に当選(とうせん)したので、当選(とうせん)のあいさつを書(か)かなければならない。

예문 영화를 보신 소감 한마디 부탁 드립니다.

映画(えいが)をご覧(らん)になった感想(かんそう)を一言(ひとこと)お願(ねが)いいたします。

예문 연예 대상 수상자인 배우의 수상 소감이 화제가 되고 있다.

演芸大賞受賞者(えんげいたいしょうじゅしょうしゃ)の役者(やくしゃ)の受賞(じゅしょう)コメントが話題(わだい)になっている。

수소문
【捜所聞】

色々調(いろいろしら)べること, 様々(さまざま)な人(ひと)に聞(き)くこと

예문 부산에 살고 있다는 오래된 친구의 집을 수소문하다.

プサンに住(す)んでいるらしい昔(むかし)の友人(ゆうじん)の家(いえ)を色々(いろいろ)な人(ひと)に聞(き)く。

예문 행방불명 된 친구의 거처를 수소문하다.

行方不明(ゆくえふめい)になった友人(ゆうじん)の居所(いどころ)を色々(いろいろ)と調(しら)べる。

스펙
【spec】

❶ 条件(じょうけん)

해설 '스펙을 쌓다'는 '自己投資(じことうし)をする'라고 한다.

예문 〈결혼 정보 업체에서〉 나이는 38세, 연봉 5천만, 키 170cm, 부모님과 누나가 있는데요…. 제 스펙으로 가입하면 잘 될까요?

〈結婚紹介所(けっこんしょうかいじょ)で〉年(とし)は38才(さい)、年収(ねんしゅう)5千万(せんまん)、身長(しんちょう)

170cm(センチ)、両親(りょうしん)と姉(あね)がいますが…。私(わたし)の条件(じょうけん)で登録(とうろく)してうまくいくんでしょうか?

예문 요즘은 취업하기 힘들어서 자격증이나 토익점수 등의 스펙을 쌓는 것이 좋다.

最近(さいきん)、就職(しゅうしょく)するのが難(むずか)しいので、資格(しかく)やトイック〈TOEIC〉など自己投資(じことうし)をした方(ほう)がいい。

❷ **スペック** 〈컴퓨터 관련 용어로만 쓴다.〉

해설 일본에서는 컴퓨터 관련 용어로만 쓴다.

예문 선배 : 이 컴퓨터, 스펙 좋은가…?

후배 : 장단점이 있는데, CPU는 좋죠.

先輩(せんぱい): このパソコンのスペックはいいのかな?

後輩(こうはい): 長所短所(ちょうしょたんしょ)あるけど、CPUはいいですね。

안 봐도 비디오 【-video】

❶ **目(め)に見(み)えている**

예문 우리는 아마추어인데 프로팀과 시합하면 지는 것은 안 봐도 비디오다.

僕(ぼく)らはアマなのに、プロチームと試合(しあい)をしても、負(ま)けるのは目(め)に見(み)えている。

❷ **お約束(やくそく)** [俗]

예문 다음 장면에서 연예인이 춤을 추는 건 안 봐도 비디오다.

次(つぎ)の場面(ばめん)で、芸能人(げいのうじん)が踊(おど)りだすのはお約束(やくそく)だ。

애로사항 【隘路事項】

難(むずか)しい事(こと), 困難(こんなん)な事(こと), 難題(なんだい)

예문 그 일은 해결하기에는 애로사항이 많다.

その仕事(しごと)は解決(かいけつ)するのには困難(こんなん)が多(おお)い。

예문 이 프로그램을 통해 중소기업들의 애로사항을 해소하여 지역 일자리 창출로 연결하고자 합니다.

このプログラムを通(つう)じて中小企業(ちゅうしょうきぎょう)の難題(なんだい)を解消(かいしょう)し、地域(ちいき)の雇用創出(こようそうしゅつ)につなげようと思(おも)います。

어머

あら，まあ <여성이 놀랐을 때 나오는 말>

해설 놀랐을 때 남녀 공통으로 쓰는 말로는 'わあ' 'ええっ' 'おおっ' 등이 있다.

예문 여자 : 어머! 깜짝이야! 수술했어?

女性(じょせい):まあ！ びっくりした！ 手術(しゅじゅつ)したの？

예문 손녀 : 할머니, 잘 지내셨어요?

할머니 : 어머 어머! 이게 누구야! 우리 손녀 몰라보게 예뻐졌네.

孫娘(まごむすめ):おばあちゃん、元気(げんき)だった？

おばあさん:あらあら、誰(だれ)かと思(おも)えば！ 見違(みちが)えるほどきれいになったね。

욕 【辱】

❶ 罵(のの)り言葉(ことば)，罵(のの)ること，汚(きたな)い言葉(ことば)

참고 욕을 하다 — 汚(きたな)い言葉(ことば)を使(つか)う，罵(ののし)る

욕을 먹다 — 汚(きたな)い言葉(ことば)を言(い)われる，罵(ののし)られる

욕을 퍼붓다 — 立(た)て続(つづ)けに罵(ののし)る

예문 엄마 : 왜 친구에게 그런 말을 했어?

아들 : 나쁜 말인지는 아는데 너무 화가 나서 욕을 했어요.

예문 母(はは): なんであんなことを言(い)ったの?
息子(むすこ): 悪(わる)いことだとは分(わ)かってるけど、本当(ほんとう)に腹(はら)が立(た)ったから悪(わる)い言葉(ことば)を使(つか)ったんだ。

예문 대문 앞에 주차했다가 집주인에게 욕을 먹었다.
入(い)り口(ぐち)の前(まえ)に駐車(ちゅうしゃ)して大家(おおや)に怒(おこ)られた。

❷ 悪口(わるぐち)

예문 뒤에서 친구의 욕을 하다 (험담을 하다)
陰(かげ)で友達(ともだち)の悪口(わるぐち)を言(い)う/ 陰口(かげぐち)をたたく

의논【議論】

❶ 議論(ぎろん), 論議(ろんぎ)

해설 '議論(ぎろん)・論議(ろんぎ)する'는 '논의하다'라는 뜻이다.

예문 위원회에서 다같이 의논해서 결정합시다.
委員会(いいんかい)でみんなで論議(ろんぎ)して、決定(けってい)しましょう。

예문 5일 노동자들의 문제를 시민과 함께 논의하게 됐습니다.
5日(いつか)、労働問題(ろうどうもんだい)を市民(しみん)と共(とも)に議論(ぎろん)することになりました。

❷ 相談(そうだん), 話(はな)し合(あ)い

예문 친한 친구에게 여자친구 문제를 의논했다.
親友(しんゆう)に彼女(かのじょ)との問題(もんだい)を相談(そうだん)した。

예문 아내가 저와는 의논 한마디 없이 신용카드 신청을 했어요.
妻(つま)が私(わたし)に一言(ひとこと)も相談(そうだん)なしに、クレジットカードを申(もう)し込(こ)んだんです。

일등
【一等】

一番, 一等, 一位

해설 상황에 따라 一番, 一等, 一位로 구분해서 쓴다.

예문 〈성적〉 우리 반 1등은 야마다 씨다.

うちのクラスの一番は山田さんだ。

예문 〈달리기〉 두경 씨가 1등했다.

ドゥギョンさんが一等だった。

예문 그녀는 미인 대회에서 일등했다

彼女はミスコンで一位になった。

일식
【日式】

和風, 和, 日本的な, 日本の

해설 일본인이 표현할 때는 '和風(わふう)'나 '和(わ)'를 자주 쓴다.

참고 일식 요리점　日本料理屋

일본식으로 요리된 스파게티　和風スパゲッティー

예문 〈한국인이 일본인에게 말할 때〉 요즘 일본식 술집이 많이 생겼다.

最近日本風の居酒屋(飲み屋)がたくさんできた。

자신감
【自信感】

自信

해설 '自信感(じしんかん)'은 잘못된 표현이다.

예문 영어회화는 유창한 표현을 써서 하는 것보다, 완벽하지는 않더라도 여유와 자신감 있게 자신을 표현하는 것이 중요하다.

英会話は流暢な表現を使って話すことよりも、完璧ではなくても、余裕と自信を持って自分を表現(ひょうげん)することが重要(じゅうよう)だ。

예문 남자A: 여자친구에게 차여서 나도 모르게 자신감이 떨어졌어.

남자B: 괜찮아, 힘내라.

男性(だんせい)A: 彼女(かのじょ)にふられて、何(なん)だか自信(じしん)がなくなった。

男性B: なんだ、元気出(げんきだ)せよ。

예문 광고: 토익준비, 자신감을 갖고 시작하자!

広告(こうこく): TOEIC対策(たいさく)、自信(じしん)を持(も)って始(はじ)めよう!

잘난 척

偉(えら)そうにする, 偉(えら)そうなことを言(い)う

예문 남자: 아무것도 모르면서 잘난 척 하지마.

男性(だんせい): 何(なん)にも知(し)らないくせに偉(えら)そうなこと言(い)うんじゃないよ。

예문 학생A: 우리 반에서 제일 성적이 좋은 민수는 친구들 앞에서 늘 잘난 척 해.

학생B: 맞아! 그렇게 잘난 척하는 애는 처음 봤어.

学生(がくせい)A: うちのクラスで一番成績(いちばんせいせき)がいいミンスは、友達(ともだち)の前(まえ)でいつも偉(えら)そうにしてる。

学生B: そうそう! あんなに偉(えら)そうにしてるヤツ、初(はじ)めて見(み)た。

재래 【在来】

従来(じゅうらい)の, 在来(ざいらい)の

참고

재래시장	地元(じもと)の市場(いちば)
재래식 화장실	ぼっとん便所(べんしょ), 汲(く)み取(と)り式便所(しきべんしょ)
재래종 배	在来種(ざいらいしゅ)の梨(なし)

절반
【折半】

折半, 半分

해설 일본에서는 돈 등을 절반씩 나누거나 할 때 '折半(せっぱん)する'라는 표현을 쓴다.

예문 이익은 절반으로 나누자.
利益は折半しよう。

예문 인생의 절반은 행복하게 살자.
人生の半分は幸せに暮らそう。

예문 올해의 목표는 교통사고를 절반으로 줄이는 것이다.
今年の目標は交通事故を半分に減らすことだ。

정말
【正-】

本当, マジ [俗]

예문 지금까지 한 말은 정말이다.
今までの話は本当だ。

예문 여학생A : 나 어제 길에서 연예인을 만났다! 싸인도 받았어.
여학생B : 우와~! 정말?
여학생A : 응! 정말 봤어.
女子学生A：私さぁ、昨日道で芸能人に会ったんだ！サインももらったよ。
女子学生B：え～！マジで？
女子学生A：うん！マジ、マジ。

정체성
【正體性】

アイデンティティ 【identity】

예문 나의 정체성은 뭘까….

私(わたし)のアイデンティティは何(なん)なんだろう…。

예문 그는 자신의 성 정체성이 혼란스러웠다.

彼(かれ)は自身(じしん)のセクシュアリティに混乱(こんらん)していた。

제목
【題目】

タイトル【title】, 題名(だいめい), 題目(だいもく), テーマ【Thema】

해설 일본어에서는 일반적으로 'タイトル' '題名(だいめい)'가 많이 사용되며, '題目(だいもく)'는 격식을 차린 듯한 인상을 주기 때문에 논문이나 강연에 사용되는 경향이 있다.

참고

영화제목	映画(えいが)のタイトル
작문제목	作文(さくぶん)の題名(だいめい)
졸업 논문의 제목	卒論(そつろん)のテーマ

줄임말

略語(りゃくご), 縮(ち)ぢめた言葉(ことば)

예문 요즘은 TV방송에서조차 줄임말이 남발되어 유행처럼 퍼지고 있다.

最近(さいきん)はテレビ放送(ほうそう)ですら略語(りゃくご)が乱発(らんぱつ)され、流行(りゅうこう)のように増(ふ)えている。

예문 FTA는 Free Trade Agreement의 줄임말이다.

FTAはFree Trade Agreementを縮(ち)ぢめた言葉(ことば)だ。

중독성
【中毒性】

ハマること, 中毒性(ちゅうどくせい)

해설 일본에서는 '中毒性(ちゅうどくせい)'라는 말을 한국어만큼 자주 사용하지는 않는다.

예문 A: 저 사람 어제 잠도 안 자고 아침까지 새로 나온 게임을 했대.

B: 와, 그 게임 중독성이 그렇게 강한가요?

A: あの人、昨日寝ないで朝まで新しく出たゲームをしてたんだって。

B: うわ、あのゲーム、そんなにハマるんですか?

예문 중독성 있는 노래를 좀 알려 주세요!

中毒性がある歌を教えてください!

예문 그 시장에 있는 떡볶이집, 중독될 만큼 맛있다.

その市場にあるトッポッキの店、くせになるくらいおいしい。

짱

最高, 超すごい [俗]

예문 A: 그 드라마는 본 적 없는데….

B: 뭐? 짱 재미있어…. 너도 한번 봐!

A: そのドラマは見た事がないけど…。

B: え? サイコーに面白いのに…。一回見てみて!

예문 아빠: 용돈 줄게.

딸: 와! 고마워요. 역시 아빠가 짱이야.

パパ: 小遣いやるよ。

娘: わあ!ありがとう。やっぱりパパは最高。

예문 먹어도 살이 안 찐다니… 정말 짱이다!

食べても太らないって…超すごいね!

창의력
【創意力】

創造力(そうぞうりょく)

해설 일본에서는 '창의력=創意力 (そういりょく)'라는 말 대신 '創造力(そうぞうりょく)'라고 한다.

예문 창의력을 키울 수 있는 교육이 필요하다.
創造力(そうぞうりょく)を養(やしな)う教育(きょういく)が必要(ひつよう)だ。

예문 엄마가 내 아이의 창의력을 키우는 방법
ママが子(こ)どもの創造力(そうぞうりょく)を育(そだ)てる方法(ほうほう)

첫인상
【-印象】

第一印象(だいいちいんしょう)

예문 한마디 말이 첫인상을 바꾼다.
一言(ひとこと)が第一印象(だいいちいんしょう)を変(か)える。

예문 주위 사람들한테 물어보니 미팅에서 첫인상이 가장 중요하다고 했다.
周(まわ)りの人(ひと)に聞(き)いたら、「合(ごう)コンは、第一印象(だいいちいんしょう)が一番重要(いちばんじゅうよう)だ」と言(い)った。

콩글리시
【Konglish】

韓国式(かんこくしき)の英語(えいご)

해설 일본식 영어는 '和製英語(わせいえいご)'라고 한다.

참고【콩글리시 예】

핸드폰 携帯電話(けいたいでんわ)【mobile / cellular phone】

파이팅 がんばれ【cheer up】

노트북 ノート型(がた)パソコン/ノートパソコン【notebook computer/laptop computer】

【和製英語(わせいえいご) 예】

경비원　　ガードマン【(security) guard】

롤러코스터　　ジェットコースター【roller coaster】

파이팅
【fighting】▲

がんばれ, ファイト【fight】△

해설 일반적으로 'ファイト'보다 'がんばれ'를 많이 사용한다.

예문 월드컵 대한민국 파이팅!

ワールドカップ、韓国(かんこく)がんばれ！

예문 수험생 여러분! 끝까지 파이팅입니다!

受験生(じゅけんせい)の皆(みな)さん！ 最後(さいご)までがんばってください！

폐문
【閉門】

締(し)め切(き)られた(施錠(せじょう)された)門(もん)・ドア・扉(とびら)

예문 〈가게에서〉 손님, 오른쪽은 폐문이니 나가실 때 조심하세요.

〈店(みせ)で〉お客様(きゃくさま)、右側(みぎがわ)の扉(とびら)は閉(し)まっておりますので、出(で)られる際(さい)はお気(き)をつけください。

예문 이 문은 폐문입니다.

この扉(とびら)は、締(し)め切(き)られています。

현주소
【現住所】

❶ 現住所(げんじゅうしょ)

예문 이력서를 작성하고 있는데, 주민등록지와 현주소를 쓰는 란이 따로 있다.

履歴書(りれきしょ)を作成(さくせい)しているが、住民登録地(じゅうみんとうろくち)と現住所(げんじゅうしょ)を書(か)く欄(らん)が別(べつ)になっている。

❷ 現況(げんきょう)

예문 남북 관계의 현주소

南北関係(なんぼくかんけい)の現況(げんきょう)

예문 우리는 대한민국 경제의 현주소를 올바르게 파악해야 한다.

私(わたし)たちは韓国(かんこく)の経済状況(けいざいじょうきょう)を正(ただ)しく把握(はあく)しなければならない。

협조
【協助】

❶ 協力(きょうりょく)

해설 일본어로 '協助(きょうじょ)'라는 말은 사용하지 않는다. '협동성'이라는 뜻으로 '協調性(きょうちょうせい)がない'(협동성이 없다)는 자주 쓰인다.

예문 설문 조사에 협조를 부탁합니다.

アンケート調査(ちょうさ)にご協力(きょうりょく)をお願(ねが)いします。

❷ 協調(きょうちょう)

예문 국제협조가 필요한 사안이다.

国際協調(こくさいきょうちょう)が必要(ひつよう)な事案(じあん)だ。

예문 저 사람은 협동심이 전혀 없다.

あの人(ひと)は協調性(きょうちょうせい)が全(まった)くない。

혜택
【惠澤】

メリット【merit】, 利益(りえき), 得(とく), 恩恵(おんけい)

해설 '혜택' 이란 말은 한국과 일본의 사용법이 약간 다르므로, 상황에 따라서 구별하여 사용해야 한다.

예문 백화점에서 물건을 많이 사면 혜택이 많다.

デパートで物をたくさん買うと、お得だ。

예문 제가 이 일을 하면 무슨 혜택이 있습니까?

私がこの仕事をしたら、どんなメリットがありますか？

예문 혜택 좋은 카드 추천 좀 해주세요.

おススメのお得なカードを教えてください。

1-2 용언 _用言(ようげん)

말

개념이 없다 【概念-】

常識(じょうしき)がない，とんでもない

예문 여자A: 아, 정말 시끄러워. 저 고등학생들 놀 거면 나가서 놀지 왜 공공장소에 와서 저렇게 떠들어?

여자B: 그러게, 정말 요즘 애들 개념이 없어.

女性(じょせい)A: ああ、本当(ほんとう)にうるさい。あの高校生(こうこうせい)、遊(あそ)ぶなら外(そと)で遊べばいいのに、なんで公共(こうきょう)の場(ば)であんなに騒(さわ)ぐの？

女性B: そうね。本当に最近(さいきん)の若(わか)い人(ひと)は常識(じょうしき)がないわ。

예문 어려서 돈에 대한 개념이 없다.

若(わか)いので金銭感覚(きんせんかんかく)がない。

고집하다 【固執-】

固執(こしつ)する <부정적>，こだわる <긍정, 부정 모두>

해설 こだわりがある= 고집이 있다, 까다롭다

예문 그는 자기주장을 끝까지 고집하며 절대 양보하지 않았다.

彼(かれ)は自分(じぶん)の主張(しゅちょう)に最後(さいご)まで固執(こしつ)して(こだわって)、決(けっ)して譲歩(じょうほ)しなかった。

예문 저희는 국산 쌀만 고집합니다.

私(わたくし)どもは国産米(こくさんまい)にこだわっています。

기막히다
【氣-】

あきれる<부정적>, **すごい**<긍정, 부정 모두>

해설 '어이없다', '골 때리다'라는 표현에 해당하는 말이다.

예문 본인이 잘못해놓고, 오히려 화를 내다니 기가 막혔다〈어이가 없었다〉.

自分(じぶん)のミスなのに逆(ぎゃく)ギレするなんて、あきれた。

예문 기막히게 맛있는 맛집 추천 부탁 드려요.

東京(とうきょう)ですごくおいしいおススメの店(みせ)を教(おし)えてください。

…기 쉽다

…やすい, …するのが簡単(かんたん)だ

해설 앞에 동사가 올 경우에는 '동사+やすい'를 쓸 수 있지만, '쉽다'를 단독으로 사용할 때는 '簡単(かんたん)だ', '易(やさ)しい'를 써야 한다.

예문 이 책은 읽기 쉽다.

この本(ほん)は読(よ)みやすい。(×読むのがやすい)

예문 이 요리는 만들기 쉽다.

この料理(りょうり)は作(つく)りやすい。/ 作(つく)るのが簡単(かんたん)だ。

기분이 업되다
【氣分-up-】

テンション【tension】△**が上(あ)がる ↔ 下(さ)がる**〔俗〕

해설 ハイテンション【high tension】になる↔ローテンション【low tension】になる와 같이 표현하기도 한다. cf)テンションが高(たか)い/低(ひく)い〔俗〕=기분이 들떠 있다/기분이 가라앉다 (テンション은 젊은 층에서 많이 쓰는 말이다. 영어 본래의 뜻과 달리 일본식으로 쓰고 있다.)

예문 여학생A: 이 노래를 듣고 있으면 기분이 업 된다!
여학생B: 응. 나도!
女子学生(じょしがくせい)A: この歌(うた)を聞(き)いてたら、テンション上(あ)がる!
女子学生B: うん。私(わたし)も!

예문 그 친구는 항상 남의 욕을 해서, 그 친구와 대화할 때는 기분이 다운 된다.
その友達(ともだち)はいつも人(ひと)の悪口(わるぐち)を言(い)うので、その人達(ひとたち)と話(はな)すと、テンションが下(さ)がる。

까칠하다

❶ クールだ, 冷(つめ)たい, 気難(きむずか)しい, キツい

예문 여자 친구가 요즘 너무 까칠해져서 헤어지자고 하루에 세 번은 말한다.
彼女(かのじょ)が最近(さいきん)冷(つめ)たくなって、「別(わか)れよう」と一日(いちにち)三回(さんかい)は言(い)う。

예문 그는 성격이 까칠하다.
彼(かれ)は性格(せいかく)が気難(きむずか)しい。

❷ (肌(はだ)が)かさかさしている, ざらざらしている

예문 겨울이라서 피부가 까칠하다.
冬(ふゆ)なので肌(はだ)がカサカサする。

꿀꿀하다

❶ 憂鬱(ゆううつ)だ, 気分(きぶん)が良(よ)くない

예문 이런 꿀꿀한 기분으로는 아무것도 하기 싫다.
こんな憂鬱(ゆううつ)な気分(きぶん)では、何(なに)もしたくない。

예문 그와 이야기하면 왠지 모르게 꿀꿀해진다.

彼(かれ)と話(はなし)をしたら、なぜか気分(きぶん)が憂鬱(ゆううつ)になる。

❷ すっきりしない天気(てんき)だ

예문 날씨가 꿀꿀해서 그런지 영 하고 싶은 기분이 안 나.

すっきりしない天気(てんき)だからか、やる気(き)が出(で)ない。

눈이 높다

❶ 理想(りそう)が高(たか)い

예문 눈이 높아서 좀처럼 남자친구를 찾지 못한다.

理想(りそう)が高(たか)いので、なかなか彼氏(かれし)ができない。

❷ 目(め)が高(たか)い(식견이 뛰어나다)

예문 A: 이것은 신라 시대의 항아리네요.

B: 역시 눈이 높으시네요.

A: 新羅時代(しらぎじだい)の壺(つぼ)ですよね?

B: さすが、お目(め)が高(たか)い。

느끼하다

❶ 濃(こ)い, くどい ❷ キザだ ❸ <음식이>脂(あぶら)っこい

해설 '얼굴이 느끼하게 생겼다'고 말하고 싶을 때는 '顔(かお)が濃(こ)い' 라고 한다.

예문 CF배우: 마치 너의 눈동자는 보석 같아.

TV를 보고 있는 A: 와, 느끼해.

CMの俳優(はいゆう): まるで君(きみ)の瞳(ひとみ)は宝石(ほうせき)のようだ。

TVを見(み)ているA: わー、キザな台詞(せりふ)。

예문 나는 약간 느끼한 얼굴을 좋아하나봐.

私は若干濃い顔が好きみたい。

예문 이 가게의 피자는 너무 느끼하다.

この店のピザはとても脂っこい。

다 왔다

もうすぐ着く

해설 직역하지 않고 다른 표현으로 바꿔 말한다.

예문 〈전화〉 다 왔어. 2,3분 뒤에 도착할 것 같아.

〈電話〉近くまで来たよ。2，3分後に着くと思う。

예문 설악산에 올라갈 때 친구들이 너무 힘들어 보여서, 아직 정상이 멀었는데도 '거의 다 왔어!'라며 사람들을 독려했다.

ソラク山に登った時、友人たちがとてもきつそうに見えたので、まだ頂上まで遠かったが、「もうすぐ着くぞ!」と言ってみんなを励ました。

주의 '지금 가고 있다'는 '今(いま)向(む)かっているところだ.' 일본어로 '来(き)ています'라고 하면, '이미 와 있다'는 뜻이다.

도와 주세요

❶ 手伝ってください，手助けしてください

해설 숙제나 간단한 일을 부탁할 때 사용한다.

예문 엄마: 야채 자르는 것 좀 도와 줄래?

아이: 네.

母親：野菜を切るの、手伝ってくれる？

子ども：うん。

예문 일본어를 잘할 수 있게 도와 주세요.

日本語をうまく話せるように、手助けしてください。

❷ 助けてください

해설 '助(たす)けてください' 는 '살려 주세요'란 뜻도 있으며, 구조를 요청할 경우나 긴급 시에 사용한다.

예문 백혈병을 앓고 있는 2살 민지를 도와 주세요! 모금 부탁합니다!

白血病患者の2才のミンジを助けてください!
募金をお願いします!

도움이 되었습니다

助かりました、役に立ちました

예문 〈빌린 책을 되돌려줄 때〉 도움이 되었습니다.

〈借りた本を返す時〉役に立ちました。

예문 도움이 되었어. 시간 내 줘서 고마워.

助かったよ。時間とってくれてありがとう。

(해) 드리다
(해) 주다

…て差し上げる/…てあげる

해설 일본어는 직접 이야기하고 있는 상대방에게 '동사+て差(さ)しあげる', '동사+てあげる'와 같은 표현을 잘 쓰지 않는다. 이런 표현은 상대방에게 강요하는 듯한 인상을 주기 때문에 주의해야 한다.

예문 부장님, 바쁘시죠? 제가 대신 팩스를 보내 드릴까요?

部長、お忙しそうですね。私が代わりにファックスを送りましょうか? (○)

送って差し上げましょうか？(×)

예문 고객님, 싸게 해 드려요.

お客様、お安くいたします。(○)

安くして差し上げます。(×)

예문 〈친한 사이〉 짐이 무겁지? 좀 들어줄까?

荷物重いだろ？持とうか？(○)

持ってあげようか？(○)

주의 단, 제3자에게 말하는 경우는 '…てあげる'를 사용해도 된다.

예문 나는 길에서 모르는 할머니의 짐을 들어드렸다.

私は道で、知らないおばあさんの荷物を持ってあげた。

뚜껑이 열리다

❶ 頭に来る, キレる〔俗〕

예문 계속 말하고 있는데 무시하니까 뚜껑이 열렸다.

ずっと話しているのに、無視するので頭に来た。

❷ 蓋が開く

예문 마트에서 생수를 한 병 샀는데 뚜껑이 열려 있었다.

スーパーでペットボトルの水を買ったが、蓋が開いていた。

머리가 복잡하다
【複雜-】

考えがまとまらない, 頭がこんがらがる

예문 머리가 복잡할 때, 난 항상 아무 생각 없이 TV를 본다.

考(かんが)えがまとまらない時(とき)、私(わたし)はいつも何(なに)も考(かんが)えずにTVを見(み)る。

예문 여자: 얼굴이 안 좋네? 무슨 일 있어?

남자: 대학에도 떨어지고 아버지 건강상태도 안 좋으셔서 머리가 복잡해.

여자: 그렇구나….

女性(じょせい): 顔色(かおいろ)が良(よ)くないね? どうしたの?

男性(だんせい): 大学(だいがく)にも落(お)ちたし、親父(おやじ)の健康状態(けんこうじょうたい)も良(よ)くないし、頭(あたま)がこんがらがってる。

女性: そっか…。

못해 먹겠다

やってられない

예문 내일도 출근해야 돼…. 사회 생활하기 어려워서 못해 먹겠다.

明日(あした)も出勤(しゅっきん)しなきゃ…。仕事(しごと)が辛(つら)くて、もうやってらんないよ。

예문 도서관에서 공부하고 있었는데 너무 시끄러워서 못하겠더라.

図書館(としょかん)で勉強(べんきょう)していたが、とても騒々(そうぞう)しくてやってられなかった。

무식하다
【無識-】

無知(むち)だ, 教育(きょういく)を受(う)けていない, 常識(じょうしき)がない

예문 이렇게 쉬운 것도 모르다니 저 사람은 정말 무식하다.

こんな簡単(かんたん)なことも知(し)らないなんて、あの人(ひと)は本当(ほんとう)に無知(むち)だ。

예문 A: 호주의 수도가 어딘지 알아?

B: 시드니?

A: 정말 무식하군. 캔버라야!!

A: オーストラリアの首都(しゅと)がどこか知(し)ってる?

B: シドニー?

A: そんなことも知らないの?キャンベラだよ!

해설 '개념이 없다'는 '常識(じょうしき)がない'라는 의미가 강하고 '무식하다'는 '教育(きょういく)を受(う)けていなくて、無知(むち)だ'의 의미가 강하다.

미치다

気(き)が狂(くる)う, たまらない, ヤバい[俗]

예문 '~해서 미치겠다'를 「~て気(き)が狂(くる)いそうだ」라고 옮기는 경우가 많은데, 표현이 강하기 때문에 「~てたまらない」라고 하는 것이 좋다.

예문 일이 밀려서 미치겠다.

仕事(しごと)がたまっていて、頭(あたま)がおかしくなりそうだ。

예문 더워서 미치겠다.

暑(あつ)くてたまらない。

예문 소지섭이 TV에 나오면 정말 좋아 미칠 것 같다.

ソ・ジソプがテレビに出(で)たら、私(わたし)、超(ちょう)ヤバいんだよね!

민망하다
【憫惘-】

❶ 恥(は)ずかしい, 決(き)まりが悪(わる)い

예문 어떤 말을 했는데 주위의 반응이 없을 때 너무 민망해서 숨고 싶다.

何(なん)か言(い)ったのに周(まわ)りの反応(はんのう)がない時(とき)、かなり恥(は)ずかしいので穴(あな)があったら入(はい)りたい。

예문 퇴직을 앞두고 동료들과 송별회를 했는데, 결국 퇴직하지 않게 되어 민망했다.

退職(たいしょく)するから送別会(そうべつかい)をしてもらったのに、結局(けっきょく)退職(たいしょく)しなかったので、決(き)まりが悪(わる)かった。

예문 여자A: 오늘 엄청 귀여워.

여자B: 민망하게 왜 그래!?

女性(じょせい)A: 今日(きょう)、めちゃくちゃかわいいよ。

女性B: やだぁ。恥(は)ずかしいじゃん。

❷ イタい [俗]

예문 저 사람 춤추는 거 봐. 민망해라!

あの人(ひと)の踊(おど)り見(み)て！イタいねぇ。

바람을 넣다

❶ <공,타이어에>空気(くうき)を入(い)れる

예문 딸: 농구공 바람이 빠진 것 같아요.

아빠: 옆집에 가서 농구공에 바람 좀 넣어 달라고 하자.

娘(むすめ): バスケットボールの空気(くうき)が抜(ぬ)けたみたい。

父(ちち): 隣(となり)の家(いえ)に行って、ボールに空気(くうき)を入(い)れてくれって頼(たの)んでみよう。

예문 학생: 아저씨! 타이어에 바람 넣어 주세요.

아저씨: 저기에 공기 펌프가 있어요.

学生(がくせい): おじさん! タイヤに空気(くうき)を入(い)れてください。

おじさん: あそこに空気入(くうきい)れがありますよ。

❷ そそのかす

예문 부인은 남편에게 괜한 바람을 넣어 승산없는 게임을 하게 했다.

夫人は彼をそそのかして、勝ち目のないゲームをさせた。

반갑다

嬉しい

해설 '반갑다'는 'うれしい'뿐만 아니라, 상황에 따라 다양한 표현을 사용한다.

예문 〈처음 만났을 때의 인사〉

반갑습니다. 만나뵙게 되어 영광이에요. 잘부탁드려요.

〈初めて会った時の挨拶〉

はじめまして。よろしくおねがいします。

お会いできて光栄です。〈격식을 차리는 표현〉

예문 〈아는 사람과 식사 후 헤어질 때〉

오늘 반가웠어요.

〈知り合いと食事した後、別れる時〉

今日は楽しかったです。

예문 미화야~! 오랜만에 보니 반갑다.

美和～！ 久しぶりに会えてうれしい。

밥맛이다

嫌だ, やだ [俗], 最悪, うんざりだ

해설 '밥맛이다'란 뜻으로 쓰는 경우, '最悪'(최악) 'やだ'(여성만 사용)가 가장 속어적인 표현이다.

예문 여자A: 봐봐, 저 사람, 금연 구역에서 담배 피우고 있어!

여자B: 진짜 밥맛이다.

女性A: みて、あの人、禁煙区域でタバコ吸ってる！

女性B: ほんと、やだ。

A: 와….향수 냄새가 심해서 토할 것 같아….

B: 얼굴이 예뻐도 저런 사람은 밥 맛이야.

A: わ…。香水(こうすい)の匂(にお)いがひどくて、吐(は)きそう…。

B: 美人(びじん)でもああいう人(ひと)は最悪(さいあく)だよね。

별고없으세요 【別故】

お変(か)わりありませんか, 変(か)わったことはありませんか

예문 A: 부모님은 별고 없으신지요?

B: 예, 덕분에 두 분 다 건강히 잘 계십니다.

A: ご両親(りょうしん)はお変(か)わりありませんか?

B: はい、おかげ様(さま)で、二人(ふたり)とも元気(げんき)です。

예문 하인은 매일 아침 '밤새 별고 없으셨습니까?' 하고 주인의 안부를 확인했다.

召使(めしつか)いは毎朝(まいあさ)、「昨晩(さくばん)変(か)わったことはありませんでしたか?」と主人(しゅじん)の様子(ようす)を気遣(きづか)った。

보고 싶다

❶ 会(あ)いたい

해설 흔히 '보고 싶다'를 '見(み)たい'라고 하는 경우가 많은데 'あなたを見(み)たい'는 '대화도 하지 않고 단지 바라만 보고 싶다'는 뜻이다. '당신을 만나고 싶다'라고 하고 싶으면 'あなたに会(あ)いたい'라고 해야 한다. 또, 공항에서 헤어질 때 보고 싶을 거라고 말할 때는 '寂(さび)しくなります'가 자연스럽다.

예문 〈애인에게〉 오빠, 보고 싶어.

〈恋人(こいびと)に〉 拓也(たくや)[이름]、会(あ)いたいよ。

예문 〈공항에서〉 이제 들어가야겠어요. 보고 싶을 거에요.

〈空港(くうこう)で〉 じゃ、そろそろ行きますね。寂(さび)しくなります。/ せっかくお会(あ)いできたのに、残念(ざんねん)です。

❷ 見たい

예문 이 영화를 보고 싶어.

この映画が見たいなあ。

분위기 파악을 하다
【雰圍氣把握-】

空気を読む

해설 일본에서는 '空気を読む' (=KY)라는 말을 자주 쓴다.

예문 상사: 이봐, 너만 계속 노래 부르고 있잖아. 분위기 파악 좀 해.
다른 사람한테도 마이크 좀 넘겨야지.

上　司: おい、ずっとお前だけ歌ってるじゃないか。
空気読んで他の人にもマイクを渡せよ。

예문 일본에서는 그 자리의 분위기를 파악하는 것을 중요시 여긴다.

日本では、その場の空気を読むことを重要視する。

불편하다
【不便-】

❶ 不便だ

예문 집에서 학교까지 교통편이 적어서 너무 불편하다.

家から学校まで交通手段が少なくてとても不便だ。

❷ 窮屈だ, 〈동사+〉心地が悪い, 〈동사+〉にくい

예문 〈옷이 조일 때〉 이 옷은 불편하다.

この服は窮屈だ。

예문 소파가 불편하다.

ソファーの座り心地が悪い。/ 座りにくい。

❸ 気まずい, 息苦しい

예문 A: 맞선 어땠니?

B: 맞선 상대가 마음에 들지 않아서 불편했어.

A: お見合いどうだった？

B: 見合い相手のことが気に入らなくて、気まずかったよ。

참고 cf) 몸이 불편하다 = 体が不自由だ

예문 노약자석은 몸이 불편한 사람에게 양보합시다.

優先席では体が不自由な方に席を譲りましょう。

예문 몸이 좀 불편한 분들과 여행을 가려고 하는데, 휠체어가 다니기 불편하지 않을 곳을 찾고 있다.

体が不自由な方と旅行に行く予定だが、車椅子で移動しやすい所を探している。

사과하다
【謝過-】

謝る, 謝罪する, お詫びする

해설 '謝罪(しゃざい)する' 라는 말은 격식 있는 장면 또는 문장에서 많이 사용한다.

예문 A: 남자친구랑 왜 싸운 거야?

B: 자기가 잘못한 걸 알면서도 절대 나한테 미안하다고 사과를 안 하잖아!

A: 彼氏となんでケンカしたの？

B: 自分が悪いことを分かっていながら、絶対 私にはごめんって謝らないんだもん!

예문 일전에 저희 회사의 과오로 인해 발생한 인명사고에 대해 진심으로 사과의 말씀을 드립니다.

以前、我が社の不注意によって発生した人身事故に対し、心より謝罪いたします。

사랑하다

愛している, 愛する

해설 한국에서는 사랑한다는 말을 폭 넓게 사용하지만, 일본에서는 주로 남녀관계에서 사용한다. 좋아하는 이성 이외의 가족이나 교사한테 말하면, 일본인들은 깜짝 놀랄 것이다. 또, 남녀관계에서도 '愛(あい)している' 대신 '好(す)きだ'도 많이 쓴다.

예문 〈선생님께 문자〉 이번에 생일파티를 열어주셔서 감사합니다! 선생님, 사랑해요!

〈先生へ携帯メール〉 先日は、誕生日パーティーを開いてくださいましてありがとうございました！ 先生、本当に感謝しています。（×先生、愛してます。）

예문 〈친구에게 문자〉 생일파티 열어줘서 고마워! 에리코, 사랑해!

〈友達へ携帯メール〉 誕生日パーティーを開いてくれてありがとう！ えりこ、大好き！（×愛してる！）

예문 세상에서 가장 위대한 일은 누군가를 사랑하고 또 사랑받는 일이다.

この世で最も偉大なことは、誰かを愛し、また愛されることだ。

새해 복【福】많이받으세요

❶ 明けましておめでとうございます

해설 한국어는 '새해 복 많이 받으세요'를 연말 연시 모두 사용하지만,

일본어로는 12월 31일까지는 '良(よ)いお年(とし)を/良(よ)いお年(とし)をお迎(むか)えください'(좋은 연말/ 연시를 보내세요), 1월 1일 이후에는 'あけましておめでとうございます'(신년을 축하해요)라고 연말 연시에 각각 다른 표현을 쓴다.

예문 새해 복 많이 받으세요. 항상 건강하시고 행복하시길 바랍니다.

明けましておめでとうございます。健康で幸せな一年になりますようお祈りいたします。

예문 후배: 새해 복 많이 받으세요. 올해도 잘 부탁드립니다.

선배: 새해 복 많이 받아. 올해도 잘 부탁해.

後輩: 明けましておめでとうございます。今年もどうぞよろしくお願いします。

先輩: おめでとう。今年もよろしく。

❷ 良いお年を/良いお年をお迎えください

예문 후배A: 새해 복 많이 받으세요. 〈※연말인사〉

선배B: 너도 새해 복 많이 받아!

後輩: よいお年をお迎えください。

先輩: よいお年を!

섭섭하다

寂しい, 残念だ

예문 여자: 내일 이사 가게 됐어.

남자: 이렇게 헤어지다니 섭섭하구나.

女性: 明日引っ越すことになったの。

男性: こんな形で別れる事になって寂しいよ。

예문 그녀는 남자가 자기 마음을 몰라주는 것을 섭섭해 했다.

彼女は彼が自分の気持ちを分かってくれないこ

とが、この上なく寂しかった。

예문 남자A: 어제 걔 좀 별로더라.

남자B: 걔가 들으면 섭섭해할걸.

男性A: 昨日の人、いまいちだったなあ。

男性B: あいつが聞いたら悲しむよ。

예문 네가 나에게 거짓말을 하다니 섭섭하다.

君が僕にうそをつくなんて残念だ。

센스가 있다 【sense-】

センスがある, センスがいい, 気が利く

예문 그는 옷 입는 센스가 있다.

彼は服のセンスがいい。

예문 말 안 하면 모르니? 정말 센스가 없네.

言わないとわからないなんて、ほんと気が利かないね。

신경을 쓰다 【神經-】

気を使う, 気にする, 神経を使う

해설 '神経(しんけい)を使(つか)う'라고 하면 '気(き)を使(つか)う, 気(き)にする'보다 더욱 과민하게 주의하는 느낌을 준다.

예문 놀지만 말고 공부에도 좀 신경을 써라.

遊んでばかりじゃなくて、勉強にも気を使って。

예문 A: 이 선물 비싼 거 아니야?

B: 그런 건 신경 안 써도 돼.

A: このプレゼント、高いんじゃない?

B: そんなこと気にしなくてもいいよ。

예문 과장님은 몸관리에 신경을 많이 써요.

課長は体調管理にかなり神経を使っています。

썰렁하다

❶ さむい[俗], しらける, 盛り下がる[俗]

예문 남자A: 바나나를 먹으면 나한테 바나나(반하나)?

여자B: 썰렁해!

男性: バナナを食べたら俺にほれる？〈バナナを食べた？そんなバナナ！〉

女性: さむっ！

❷ ひんやりする

예문 보일러가 고장 나서 집안이 썰렁하다.

床暖房(ボイラー)が故障したので家の中がひんやりとしている。

❸ ひやりとする, 凍りつく

예문 강연회에서 누군가가 '재미없어!'라고 소리쳤다. 그 순간, 회장 분위기가 갑자기 썰렁해졌다.

講演会で誰かが「つまらない！」と大声を張り上げた。その時会場の雰囲気が、一瞬にして凍りついた。

❹ がらんとしている

예문 여름방학이 왔다. 대학교는 학생이 적어서, 강의실이 썰렁했다.

夏休みになった。大学は学生が少なく、講義室はがらんとしていた。

알아서 하다

❶ 責任を持ってする

예문 이 일은 제가 알아서 합니다.

この仕事は私が責任を持ってやります。

❷ 好きにする，自分で考えてする

예문 무슨 일이든 알아서 하는 너는 참 똑똑하구나.

何でも自分で考えてする君は、ほんとかしこいね。

예문 이렇게 마음대로 할거면 너 혼자 알아서 해!

そんなに勝手にするなら、ひとりで好きにすれば！

야하다
【冶-】

エッチだ〔俗〕，いやらしい，セクシー，エロい〔俗〕

예문 그 옷 너무 야하다, 빨리 다른 옷으로 갈아입어.

その服セクシーすぎだよ、早く他のに着替えて来いよ。

예문 야한 DVD

いやらしいDVD/エロDVD

어렵다

❶ 難しい

예문 이번 시험은 너무 어려웠다.

今回のテストはとても難しかった。

❷ 厳しい

참고 1997년에 생긴 한국 경제 위기'를 한국인들은 그냥 "IMF"라고 한마디로 표현하지만, 외국인들에게 IMF는 국제통화기금으로 이해되기 때문에 부가설명이 필요하다.

예문 한국은 IMF 이후로 경제가 어려워졌다.
韓国(かんこく)は、1997年(ねん)IMFへ救済(きゅうさい)を要請(ようせい)してから、経済(けいざい)が厳(きび)しくなった。(×難(むずか)しくなった)

❸ 困(こま)る

예문 어려운 일 있으면 저한테 말해 주세요.
困(こま)ったことがあったら私(わたし)に言(い)ってください。(×難(むずか)しいことがあったら)

연결하다
【連結−】

❶ つなぐ, ❷ 連結(れんけつ)する

해설 일본어에서는 'つなぐ'를 많이 쓴다. '連結(れんけつ)する'는 '輸送列車(ゆそうれっしゃ)を連結(れんけつ)する'(수송열차를 연결하다), '連結決算(れんけつけっさん)' (연결결산) 등 열차나 결산 등 한정된 상황에서 사용한다.

예문 내 꿈은 사람과 사람의 마음을 연결하는 일을 하는 것이다.
私(わたし)の夢(ゆめ)は人(ひと)と人(ひと)の心(こころ)をつなぐ仕事(しごと)をすることだ。

예문 한국에는 과외 학생과 과외 선생님을 연결해주는 과외 중개 사이트가 있다.
韓国(かんこく)には学生(がくせい)と家庭教師(かていきょうし)をつなぐ、家庭教師(かていきょうし)仲介(ちゅうかい)サイトがある。

열 받다
【熱−】

カチンと来(く)る〔俗〕, 頭(あたま)に来(く)る, キレる〔俗〕, ムカつく〔俗〕

예문 택배회사가 너무 불친절해서 열 받았다.
宅配会社(たくはいがいしゃ)が本当(ほんとう)に不親切(ふしんせつ)なので、頭(あたま)に来(き)た。

예문 어제 USB에 있던 중요한 파일을 남동생이 다 지웠어! 열 받아!

昨日(きのう)、USBにあった大事(だいじ)なファイルを弟(おとうと)が全部(ぜんぶ)消(け)しちゃったんだよ! めちゃくちゃムカつく!

웃기다

❶ 笑(わら)わせる

예문 저 개그맨은 항상 관객을 웃긴다.

あのお笑(わら)い芸人(げいにん)はいつも観客(かんきゃく)を笑(わら)わせる。

❷ ウケる [俗]

예문 A: 어제 개그프로그램 봤어?

B: 아~진짜 웃겼어!

A: 昨日(きのう)のお笑(わら)い番組(ばんぐみ)見(み)た?

B: あ～、すっごいウケた!

웃음보가 터지다

❶ (がまんしていた)笑(わら)いが止(と)まらなくなる

예문 진지한 분위기에서 뉴스를 전하고 있었는데 방귀 소리 때문에 앵커의 웃음보가 터져 버렸다.

まじめな雰囲気(ふんいき)でニュースを伝(つた)えていたが、おならの音(おと)のせいで、キャスターの笑(わら)いが止(と)まらなくなってしまった。

예문 토론회 도중 갑자기 사회자의 웃음보가 터져서 중단되었다.

討論会(とうろんかい)の途中(とちゅう)、司会者(しかいしゃ)の笑(わら)いが止(と)まらなくなって、中断(ちゅうだん)された。

❷ (笑(わら)いの)ツボにはまる [俗]

예문 그의 개그가 웃겨서 웃음보가 터져 버렸다.

彼の言ったギャグが面白くてツボにはまった。

융통성이 없다 【融通性-】

融通が利かない, 頭が固い

예문 A: 이것은 저희 호텔의 규정이라서 안 됩니다.

B: 왜 그렇게 융통성이 없어요?

A: これは当ホテルの規則でございますので、いたしかねます。

B: なんでそんなに融通が利かないの！

예문 내 친구는 속이 좁고 융통성이 없다.

僕の友達は器が小さくて頭が固い。

융통성이 있다 【融通性-】

臨機応変だ, 柔軟だ, 柔軟性がある

예문 융통성 있게 행동해!

臨機応変に行動して！

예문 우리에게는 좀 더 융통성 있는 시스템이 필요하다.

我々にはもう少し柔軟なシステムが必要だ。

예문 해결책을 고려할 때는 융통성이 있어야 합니다.

解決策を考える際、柔軟性がなければなりません。

이상하다 【異常-】

変だ, おかしい, 異常だ, 不思議だ

해설 '異常(いじょう)だ는 보다 병적인 상태를 나타낸다.

예문 요즘 이상한 일이 많이 일어나고 있다.

最近(さいきん)、おかしなことがたくさん起(お)きている。

예문 이상한 사람이 말을 걸어서 도망쳤다.

変(へん)な人(ひと)から声(こえ)をかけられたので、逃(に)げてきた。

예문 원래 있던 유전자에 다른 염색체의 유전자가 붙어서 이상한 유전자가 되기도 한다.

本来(ほんらい)あった遺伝子(いでんし)に他(ほか)の染色体(せんしょくたい)の遺伝子(いでんし)がくっついて、異常(いじょう)な遺伝子(いでんし)になったりもする。

장난 아니다

ハンパない [俗], 半端(はんぱ)じゃない, すごい

예문 이번 시험은 장난 아니게 어려웠다.

今回(こんかい)の試験問題(しけんもんだい)は、ハンパなく難(むずか)しかった。

예문 사춘기라서 그런지 얼굴에 여드름이 장난 아니야.

思春期(ししゅんき)のせいか、顔(かお)ににきびがすごい。

재충전하다 【再充電-】

リフレッシュする【refresh】

예문 요즘 피곤해서 휴가를 내고 여행 가서 재충전하고 왔다.

最近疲(さいきんつか)れてたので、休(やす)みを取(と)って旅行(りょこう)に行(い)き、リフレッシュして来(き)た。

예문 휴가는 단지 노는 게 아니라 재충전이다.

休暇(きゅうか)は、ただ遊(あそ)ぶのでなく、リフレッシュすることだ。

정신이 없다
【精神-】

本当に忙しい, 忙しくて目がまわりそうだ

해설 '精神(せいしん)がない'는 잘못된 표현이다. '猫(ねこ)の手(て)も借(か)りたいほどだ', '考(かんが)える余裕(よゆう)もない'도 많이 쓴다.

예문 슬슬 한국에 들어갈 준비도 해야 되고 이것저것 바빠서 정신이 없다.
そろそろ韓国に帰る準備もしなければならないし、あれこれ忙しくなって、ゆっくり考える余裕もない。(×精神がない)

예문 설날에 고향에 가기 전에는 부모님께 드릴 선물도 사야 하고, 고향에 도착해서 음식도 만들어야 해서 항상 정신이 없다.
正月に帰省する前には、両親にあげる贈り物も買わなければならないし、故郷に着いてから、料 理も作らなければならないので、いつも忙しくて目が回りそうだ。

쫄다

びびる〔俗〕

예문 사우나에서 몸에 문신한 조폭들을 보고, 순간 쫄았다.
サウナで入れ墨したヤクザ見たんだけど、一瞬びびっちゃったよ。

예문 A: 그녀 앞에서는 쫄아서 아무 말도 하지 못했어.
B: 그렇게 자신만만했는데.
A: 彼女の前じゃ、びびって何の話もできなかった。
B: あんなに自信満々だったのに。

코드가 맞다 【code-】

合(あ)う, 波長(はちょう)が合(あ)う 〔俗〕

예문 A: 이 드레스 정말 예쁘다!

B: 진짜!? 너는 나랑 코드가 맞네.

A: このドレス本当(ほんとう)にきれい!

B: ほんと!?私(わたし)と好(この)みが合(あ)う。

예문 이 영화배우의 사고방식은 나랑 코드가 맞다.

この俳優(はいゆう)の考(かんが)え方(かた)は私(わたし)と合(あ)う。

예문 그와 이야기해보니 너무 코드가 잘 맞아서 결혼하려고 마음먹었다.

彼(かれ)と話(はな)してみて、かなり波長(はちょう)が合(あ)うので、結婚(けっこん)しようと思(おも)った。

큰마음 먹다

思(おも)い切(き)る, 大(おお)きな決心(けっしん)をする

예문 큰 마음 먹고, 유학하기로 했다.

思(おも)い切(き)って留学(りゅうがく)することにした。

예문 큰 마음 먹고 선배에게 고백하려고 했지만 결국 못 했다.

思(おも)い切(き)って先輩(せんぱい)に告白(こくはく)しようとしたけど、結局(けっきょく)できなかった。

큰일 났다

大変(たいへん)なことになった

예문 중국에서 비자 문제 때문에 큰일 날 뻔 했어요.

中国(ちゅうごく)でビザの問題(もんだい)で大変(たいへん)なことになるところでした。

예문 큰일 났어. 야노 씨가 다쳤대.

大変！ 矢野さんが怪我したって。

토를 달다

文句をつける，文句を言う

예문 토요일에 일을 시켜도 토를 달 사원들이 많지 않을 것 같다.

土曜日に仕事させても、文句を言う社員はあまりいないだろう。

튀다

❶ 浮いている［俗］，目立つ

예문 A: 저 사람 면접인데도 선글라스를 쓰고 있어.

B: 우와, 엄청 튄다.

A: あの人、面接なのにサングラスをかけているよ。

B: うわあ、浮いてるね。

예문 A: 그 모자 좀 벗으면 안돼?

B: 왜? 멋있지 않아?

A: 사람들이 쳐다보잖아, 너무 튀어.

A: その帽子ちょっと脱いだら？

B: なんで？ かっこよくない？

A: みんながじーっと見てるって。目立ち過ぎ。

❷ ずらかる［俗］

예문 〈범죄자〉여기는 위험하니까 빨리 튀자.

〈犯罪者〉ここは危ないから、早いところずらかろうぜ。

❸ 跳(は)ねる, 弾(はじ)ける, 弾(はず)む

예문 얼굴에 물이 튀었다.

顔(かお)に水(みず)がはねた。

펑크를 내다
【puncture-】

ドタキャンする〔俗〕, すっぽかす

예문 그는 약속 직전에 펑크를 냈다.

彼(かれ)は約束(やくそく)をドタキャンした。

예문 선생님 : 어제 왜 수업발표를 펑크 냈니?

학생: 다른 약속이 있었어요. 죄송합니다!

先生(せんせい): 昨日(きのう)なんで授業(じゅぎょう)の発表(はっぴょう)をすっぽかしたの？

学生(がくせい): 他(ほか)の約束(やくそく)があったんです。すみません！

폼 잡다
【form-】

格好(かっこう)つける, カッコつける〔俗〕

예문 여자: 다리를 왜 다쳤어?

남자: 주말에 여자 친구 앞에서 폼 잡고 스키 타다가, 넘어져서 그만 심하게 다쳤어.

女性(じょせい):足(あし)、なんでケガしたの？

男性(だんせい):週末(しゅうまつ)、彼女(かのじょ)の前(まえ)で格好(かっこう)つけてスキーしてたら、こけて大(おお)ケガをしたんだ。

예문 그렇게 폼 잡더니만, 꼴 좋구나.

あんなにカッコつけてんのに。ざまあみろ。

해석하다
【解釈-】

❶ 解釈(かいしゃく)する

참고 고전을 해석하다. 古典(こてん)を解釈(かいしゃく)する。

예문 그 가수는 명곡을 재즈버전으로 리메이크한 노래를 선보였다.

その歌手(かしゅ)は、名曲(めいきょく)をジャズバージョンにリメイクした歌(うた)をお披露目(ひろめ)した。

❷ 訳(やく)す

예문 영어를 해석해 주세요!

英語(えいご)を訳(やく)(×解釈(かいしゃく))してください！

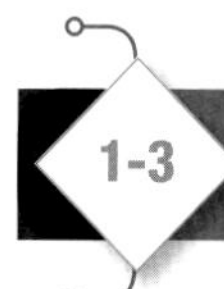

부사 -副詞(ふくし)

말

계속 【繼續】

ずっと，~続(つづ)ける

해설 '계속'은 한자어이기 때문에 일본에서도 '継続(けいぞく)'란 단어를 사용하지만, 한국어와 사용법이 다르므로 주의해야 한다.

예문 무릎이 계속 아파요.

膝(ひざ)がずっと(×継続(けいぞく))痛(いた)いです。

예문 남편: 당신, 왜 계속 먹어?

아내: 요즘 먹어도 먹어도 계속 배가 고파요.

夫(おっと): おい、なんでずっと食(た)べ続(つづ)けるんだ?

妻(つま): 最近(さいきん)、食べても食べても、ずっとお腹(なか)がすいてるのよ。

해설 동사 '계속하다'는 '続(つづ)ける' '계속되다'는 '続(つづ)く'.

예문 작년부터 운동을 계속하고 있다.

昨年(さくねん)から運動(うんどう)を続(つづ)けている。

그냥

❶ ただ，そのまま

예문 하루 종일 여기서 그냥 기다릴 거야? 그 놈은 절대로 안 와! 빨리 집에 돌아가!

一日中(いちにちじゅう)ここでただ待(ま)っているつもり？ あいつは来(こ)ないよ！ はやくうちに帰(かえ)って！

예문 누구 건지 모르니까 그냥 여기에 놔두자.

誰のものか分からないし、そのままここに置いとこう。

❷ 別に, まあまあ, なんとなく

예문 A: 너 왜 그랬어?

B: 그냥.

A: なんでそうしたの?

B: 別に。

예문 엄마: 그렇게 비싼 책을 왜 줬니?

아들: 그냥.

母: あんな高い本、どうしてあげちゃったの?

息子: なんとなく…。

만약
【萬若】

もし, もしも

해설 '혹시〈もしかして, ひょっとして〉'와 '만약〈もし〉'을 자주 혼동해서 사용하기 때문에 주의해야 한다.

예문 A: 원만한 인간관계에 있어 뭐가 가장 중요할까요?

B: '만약 내가 저 사람의 입장이라면 어떤 기분일까' 하는 역지사지의 자세 아닐까요?

A: 円滑な人間関係において、何が最も重要でしょうか?

B:「もし私があの人の立場なら、どんな気持ちだろうか」という相手の立場で考える姿勢じゃないでしょうか?

예문 요즈음 생리를 하지 않아서 혹시 임신했을지도 모른다.

最近生理が来ないので、もしかして妊娠したかもしれない。

모두/다

みんな, すべて, 全部, 全員, どちら(と)も, 両方とも

해설 일본어에서는 사람・물건에 따라, 또는 개수・인원수에 따라 표현이 다르다.

두 개 =どちら(と)も, 両方, 両方とも, 二個(にこ)とも

두 명 =どちら(と)も, 両方, 両方とも, 二人(ふたり)とも

세 개 이상 =みんな, 全部

세 명 이상 =みんな, 全員

예문 학생들은 모두 시험에 합격했다.

学生たちはみんな(×全部)試験に合格した。

예문 무와 당근 둘 다 샀다.

大根とニンジン、両方とも(×全部)買った。

예문 나는 형과 누나 모두 좋아한다.

私は兄と姉、どちらも(×全部)好きだ。

별로
【別-】

特に, 別に, あまり, それほど

주의 '特(とく)に'와 '別(べつ)に'는 특히 주의가 필요하다. '別に' 는 상대방과의 대화를 중단하고 싶은 인상을 상대방에게 줄 수도 있다. '別に'를 남용하면 상대방으로 하여금 오해를 불러일으키기도 하는데, 특히 윗사람과 이야기할 경우 주의해야 한다. 이때는 '別に' 대신 'それほど' '特に' 'あまり' 등을 사용하는 것이 적절하다.

예문 그 사람의 첫인상은 별로 좋지 않았다.

その人の第一印象はあまりよくなかった。

예문 A: 일본 만화 좋아해요?

B: 별로 관심이 없어요.

A: 日本のマンガは好きですか？

B: それほど興味がないです。(○)

別に興味がないです。(△)

솔직히

【率直-】

❶ 率直に

예문 솔직히 말씀드리면, 이번 계약은 좀 어렵겠습니다.

率直に申し上げると、この契約はいたしかねます。

❷ ぶっちゃけ [俗], 正 直

예문 A: 저번에 만났던 선배, 첫인상 어땠어?

B: 응…. 솔직히 좀 까칠해 보였어.

A: この前会った先輩、第一印象どうだった？

B: うん…。ぶっちゃけ、冷たそうに見えた。

완전+…

【完全】

超…だ

예문 컴퓨터가 또 다운됐다…. 완전 짜증나!

パソコンがまた固まった…。超ムカつく！

예문 완전 간단한 방법으로 이정도 맛이면 진짜 해먹을 만 해요. 완전 만족!

超 簡単な方法でこのぐらいの味が出せるのなら、本当に作る価値はあります。 超満足！

왜

何(なん)で, なぜ, どうして

해설 사람을 부를 때 한국은 '왜(なぜ)?'라고 대답하는데 일본에서는 'なに?'라고 대답한다.

예문 비싼 화장품을 쓰고 있는데도, 왜 피부가 건조한 걸까?

高(たか)い化粧品(けしょうひん)使(つか)っているのに、何(なん)で肌(はだ)が乾燥(かんそう)するんだろう?

예문 A: 언니!

B: 왜?

A : お姉(ねえ)ちゃん!

B : なに?

잘+…

よく, 上手(じょうず)に, 無事(ぶじ)に, ちゃんと

해설 보통 한국 학생들은 '잘'을 'よく'로 사용하는 경우가 많은데, 일본에서는 '자주'라는 의미로 해석되는 경우가 많으므로 주의해야 한다. 또, '이 메일을 잘 받았습니다'는 'Eメールをありがとうございました/Eメールを確認(かくにん)しました' 등 상황에 따라 다르게 표현한다. 〈×Eメールをよく受(う)け取(と)りました〉

예문 〈지난번에 받은 과자〉 잘 먹었습니다.

お菓子(かし)、おいしかったです。(○)

よく食(た)べました。(×)

예문 〈선물로 받은 책에 감사하여〉 잘 읽겠습니다.

ありがとうございます。(○)

読(よ)むのが楽(たの)しみです。(○)

よく読(よ)みます。(×)

예문 주말 잘 보내셨어요?

週末(しゅうまつ)はどうでしたか？(○)

週末(しゅうまつ)、どこか行(い)きましたか？(○)

週末(しゅうまつ)よく過(す)ごしましたか？(×)

2

Chapter

통신 • 전자제품

通信(つうしん)・電化製品(でんかせいひん)

휴대폰 _携帯電話(けいたいでんわ)

디엠비
【DMB】

ワンセグ【one seg】

해설 DMB는 일본의 'ワンセグ'에 해당된다. 'ワンセグ'는 '휴대폰이나 이동단말기를 위한 지상 디지털 방송'을 말한다.

예문 학교에 가는 길에 음악을 듣거나 DMB로 TV를 보기도 합니다.
大学(だいがく)へ行(い)く途中(とちゅう)、音楽(おんがく)を聞(き)いたり、ワンセグを見(み)たりします。

예문 중남미 시장 중 도미니카에 한국의 지상파 DMB 서비스가 도입될 전망이다.
中南米市場(ちゅうなんべいしじょう)の中(なか)で、ドミニカに韓国(かんこく)の地上波(ちじょうは)DMBサービスが導入(どうにゅう)される見通(みとお)しだ。

문자메시지
【文字message】

〈携帯(けいたい)〉メール, SMSメッセージ

해설 일본에서는 'SMSメッセージ'보다 '携帯メール'(핸드폰 메일)를 일반적으로 많이 사용한다.

예문 여학생: 좋아하는 사람한테 문자를 보냈는데, 귀찮은건지 답장이 안 왔어.
남학생: 전화해봐.
女子学生(じょしがくせい): 好(す)きな人(ひと)にメールを送(おく)ったんだけど、面倒(めんどう)くさかったのか、返事(へんじ)も来(こ)なかったよ。

男子学生：電話しなよ。

예문 그녀는 가족들에게 '행복하게 살라'는 문자메시지를 남기고 사라졌다.

彼女は家族に「幸せに暮らして」というメールを残していなくなった。

배경화면
【背景畫面】

待ち受け画面，待ち受け

예문 앱으로 배경화면을 만들어 보려고 해요.

アプリで待ち受けを作ってみようと思っています。

예문 예쁜 핸드폰 배경화면 무료다운!

かわいい携帯電話待ち受け画面、無料ダウンロード！

벨 소리
【bell–】

着信音，着信メロディー【–melody】，着メロ

예문 핸드폰 벨소리를 다운받으려고 하는데, 방법을 모르겠어요.

着メロをダウンロードしようと思ってるんですが、やり方が分からないんです。

예문 클래식콘서트 공연 중 객석에서 난데없이 휴대폰 벨소리가 울렸다.

クラシックコンサートの公演中、客席から突然携帯電話の着信音が鳴り響いた。

서비스지역 이탈
【service】
地域離脫】

圏外，電波が届かない地域

예문 손님: 다른 핸드폰은 괜찮은데, 제 핸드폰은 계속 서비스지역 이탈 표시가 나옵니다.

점원: 글쎄요…. 이상하네요.

客: 他の携帯は大丈夫だけど、私の携帯はずっと圏外の表示が出ます。

店員: そうですね…。おかしいですね。

예문 핸드폰을 쓰고 있었는데 갑자기 전화 서비스 지역이탈이 됐다.

携帯電話を使っていたが、突然圏外になった。

앱(어플)
【application】

アプリ(ケーション)

예문 종류가 너무 많아서 나한테 필요한 앱을 찾을 수가 없어.

いろんな種類がありすぎて、自分に必要なアプリが見つけられない。

예문 이 어플을 쓰면 밖에서도 집에 있는 컴퓨터를 원격조정할 수 있어.

このアプリを使うと、外出先からでも、うちのパソコンを遠隔操作できるんだよ。

약정
【約定】

(携帯の)契約期間, 契約, 定期契約

예문 아직 약정이 1년 남았어요. 지금 약정 해지를 하면 위약금을 얼마나 물어야 되나요?

まだ契約が1年残っています。今、契約を解約すると、違約金どれぐらい払わないといけませんか?

예문 A: 핸드폰을 2년 약정으로 계약했는데, 약정이 5개월이나 남았는데 벌써 고장 나서 켜지지도 않아요.

B: 대리점에 가서 이야기하시면 좋은 방법이 있을 거에요.

A: 携帯を2年契約してるんですが、契約が5ヶ月

残っているのに、故障して電源も入りません。

B: 代理店に行って話せば、いい方法があるはずですよ。

영상통화
【映像通話】

ビデオ通話, 映像通話, テレビ電話

예문 PC에서 스카이프를 사용해 아이폰으로 영상통화도 할 수 있다.

パソコンからスカイプを使ってアイフォンへビデオ通話をすることもできる。

예문 영상통화도 무료통화에 포함되나요?

映像通話も無料通話に含まれるのですか?

요금제
【料金制】

料金プラン【-plan】

해설 일본에서는 인터넷, 이메일 등 정보 통신 요금을 정액제로 쓰는 것을 'パケット使(つか)い放題(ほうだい)' 또는 'パケットし放題(ほうだい)'라고 한다. ※인터넷, 이메일 등 정보 통신 요금 →パケット代(だい), パケ代(だい)

예문 이 요금제는 인터넷 요금이 무료입니다.

この料金プランは、パケット使い放題です。

예문 폰을 스마트폰으로 바꿨는데, 제가 고등학생이라서 청소년 요금제로 했어요.

携帯をスマートフォンに変えたんですが、私が高校生なので、学割プランにしました。

자동응답
【自動應答】

留守録, 留守番電話

예문 〈전화 자동응답 서비스〉

자동응답 안내 서비스입니다. 한국어는 1번, 일본어는 2번을 눌러 주십시오.

〈電話自動応答サービス/留守番電話サービス〉

自動応答案内でございます。韓国語は1番、日本語は2番を押してください。

예문 남자A: 뭘 잘못 눌러서 갑자기 핸드폰이 자동응답모드로 설정됐어. 근데 해지하는 방법을 모르겠어….

남자B: 나도 모르겠다….

男性A: どこかを押して突然携帯が留守録モード設定になったんだ。でも解除する方法がわからない…。

男性B: 俺も分からない…。

예문 죄송합니다.통화량이 많아 연결이 되지 않고 있으니, 잠시 후에 다시 이용해주시기 바랍니다.

申し訳ありません。大変混み合っており、おつなぎすることができません。もう一度おかけ直しください。

예문 지금은 전화를 받을 수 없습니다. '삐' 소리 후에 음성사서함으로 연결됩니다. 연결 후에는 통화료가 부과됩니다.

ただいま電話に出ることができません。「ピーッ」という発信音の後に、留守番電話サービスに接続されます。接続後は通話料がかかります。

재다이얼
【再dial】

リダイヤル【redial】

예문 핸드폰의 재다이얼 단추를 눌렀다.

携帯のリダイヤルボタンを押した。

예문 재다이얼 기능이 안되어서 핸드폰을 교체했다.

リダイヤル機能が働かないので、携帯を交換してもらった。

전송
【傳送】

送信

예문 핸드폰에 있는 사진을 컴퓨터로 전송하려고 하는데 어떻게 전송하는지 모르겠어요.

携帯にある写真をパソコンに送信しようと思ってるんですが、どうやって送信するのかわかりません。

예문 여동생: MP3파일을 컴퓨터에서 핸드폰으로 전송했거든. 근데 파일이 안 나와.

오빠: 내가 해줄게.

妹：MP3ファイルをパソコンから携帯に送ったんだけど、ファイルが見つからなくて。

兄: 俺がやってやるよ。

전화번호부
【電話番號簿】

アドレス帳

예문 A: 피자 시켜먹고 싶은데 피자집 전화번호를 몰라.

B: 내 휴대폰 전화번호부에 번호 찾아서 시켜.

A: ピザ注文したいんだけど電話番号がわかんない。

통신

B: 私(わたし)のケータイのアドレス帳(ちょう)で番号(ばんごう)さがして頼(たの)んで。

예문 전화번호부에 내 번호 저장해 놓고 언제든지 연락해.

アドレス帳(ちょう)に私(わたし)の番号(ばんごう)登録(とうろく)して、いつでも連絡(れんらく)ちょうだいね。

진동
【振動】

バイブレーション【vibration】, **バイブ**,

マナーモード【manner mode】

예문 〈콘서트 전에〉

A: 미리 핸드폰 꺼두자.

B: 맞다. 진동으로 해도 방해될 때가 있거든.

〈コンサートの前(まえ)に〉

A: 前(まえ)もって携帯(けいたい)切(き)っておこう。

B: そうだね。バイブにしても迷惑(めいわく)になる時(とき)があるよね。

예문 시험 중 가방 안에 있던 핸드폰에서 진동이 계속 울려서 집중을 못한 적이 있다.

試験中(しけんちゅう)、カバンの中(なか)にあった携帯(けいたい)が振動(しんどう)して集中(しゅうちゅう)できなかったことがある。

터치 폰
【touch phone】

タッチパネル携帯(けいたい)

예문 이 터치폰은 스마트 폰은 아니지만 성능은 비슷합니다.

このタッチパネル携帯(けいたい)は、スマートフォンではないですが、性能(せいのう)は似(に)ています。

예문 터치폰 액정 부분에 물이 들어 갔다.

タッチ携帯(けいたい)の液晶(えきしょう)部分(ぶぶん)に水(みず)が入(はい)った。

폴더(폰) 【folder phone】

折(お)りたたみ携帯(けいたい), 折(お)りたたみ式携帯(しきけいたい)

예문 아이폰을 사려다가, 돈이 아까워서 폴더폰을 사기로 했어요.

アイフォンを買(か)おうとしたんですが、お金(かね)がもったいなくて折(お)りたたみ携帯(けいたい)を買(か)うことにしました。

예문 이것은 최신모델로 나온 폴더폰입니다.

これは最新(さいしん)モデルの折(お)りたたみ式携帯(しきけいたい)です。

핸드폰 【hand phone】▲

携帯電話(けいたいでんわ), 携帯(けいたい), ケータイ

해설 일본에서는 '携帯(けいたい)'를 'ケータイ'라고 카타카나〈カタカナ〉로 표기하는 경우도 많다.

참고

핸드폰이 켜져 있다	携帯(けいたい)の電源(でんげん)が入(はい)っている/オンになっている
핸드폰이 꺼져 있다	携帯(けいたい)の電源(でんげん)が消(き)えている/オフになっている
핸드폰 위약금	携帯電話解約金(けいたいでんわかいやくきん), 解約料(かいやくりょう)
핸드폰 비밀 번호	携帯電話(けいたいでんわ)の暗証番号(あんしょうばんごう)

핸드폰 고리

携帯(けいたい)ストラップ【strap】

예문 이 핸드폰에는 구멍이 하나밖에 없어서, 핸드폰 고리를 어떻게 넣는지 모르겠어요.

この携帯には、穴が一つしかないので、携帯ストラップをどうやってつけるのか分かりません。

예문 핸드폰에 딱딱한 재질의 핸드폰 고리를 달면, 주머니 등에 넣고 다닐 때 핸드폰 기스의 원인이 됩니다.

携帯に硬い材質のストラップを付けると、ポケットなどに入れて歩く時、携帯の傷の原因になります。

효도 폰
【孝道phone】

シニア向け携帯

해설 일본에서는 らくらくホン, 簡単(かんたん)ホン, シンプルホン, 親切(しんせつ)ホン 등 휴대폰 회사마다 이름이 다르다.

예문 아내: 아버지가 쓰셨던 효도폰이 고장 났대. 버튼이 크고 시원한 화면의 폰 있을까?

남편: 같이 보러 가자!

妻: お父さんが使っていたシニア携帯が故障したって。ボタンが大きくてすっきりした画面の電話あるかな?

夫: 一緒に見に行こう!

예문 한국에서는 요즈음 효도폰이 아니라 부모님이 쓰기 편한 조건을 갖춘 '효도 스마트폰'이 인기가 있다.

韓国では最近、シニア向け携帯の「親孝行携帯」でなく、親が使いやすい条件を備えた「親孝行スマートフォン」が人気だ。

참고 휴대폰에서 쓰는 용어는 비슷한듯 하면서도 약간 다른 용어가 있으므로 알아두는 것이 좋다.

메시지 작성	メール作成(さくせい)
발신 통화기록	発信履歴(はっしんりれき)
보낸 메시지함	送信(そうしん)トレイ
부재중 전화기록	不在履歴(ふざいりれき)
수신 메시지함	受信(じゅしん)トレイ, メールボックス
수신 통화기록	着信履歴(ちゃくしんりれき)
임시보관 메시지함	未送信(みそうしん)トレイ

2-2 기타 전자제품 _その他電化製品

계산기
【計算機】

電卓

해설 일본어로 '計算機(けいさんき)'라는 말도 사용하지만, 일반적으로 이야기할 때는 '計算機(けいさんき)'보다 '電卓(でんたく)'를 많이 사용한다.

예문 이 계산기는 입력하기 편리하다.

この電卓は打ちやすい。

예문 이것은 간단한 계산만 할 수 있는 어린이용 계산기다.

これは簡単な計算のみできる、子ども用の電卓だ。

드라이기
【dry機】

ドライヤー【dryer / drier】, ヘアドライヤー【hair drier】

예문 헤어드라이기는 아무래도 자연 건조보다 훨씬 빨리 머리가 마르니까 편리하다. 그렇지만 전자파 때문에 좋은 영향은 없을 것 같다.

ヘアドライヤーは自然乾燥よりはるかに速く乾かせるから便利だ。しかし、電磁波のせいで、いい影響はないと思う。

예문 이 드라이기는 5단 풍량 조절이 가능하고, 음이온도 발생되어서 두피에 좋아요.

このドライヤーは5段階風量調節が可能で、マイナスイオンも出るので頭皮にやさしいです。

드럼 세탁기 【drum式洗濯機】

ドラム洗濯機

참고 일반 세탁기 全自動洗濯機(ぜんじどうせんたくき), 回転式洗濯機(かいてんしきせんたくき)

예문 집에서 드럼 세탁기를 사용하고 있는데, 일반세탁기보다 물 절약은 되지만 세탁시간은 더 오래 걸리는 것 같아요.

うちでドラム式洗濯機を使っているんだけど、水は節約できるけど、全自動より洗濯時間が長いようです。

디카 【digital camera】

デジカメ

예문 디카로 담은 유럽의 일상생활 모습입니다.

デジカメに収めたヨーロッパの日常の姿です。

예문 디카로 보는 한국 사진전은, 시민들이 직접 디카로 찍은 사진으로 오늘의 한국을 기록하는 행사입니다.

デジカメで見る韓国写真展は、市民が実際にデジカメで撮った写真で、今日の韓国を記録するイベントです。

셀카 【self camera】▲

自分撮り, セルフショット【self shot】

예문 셀카봉은 셀카를 찍기 위한 도구이다.

自撮り棒は、自分撮りをするための道具です。

예문 여자A: 요즘 셀카 찍는 재미에 푹 빠졌어!

여자B: 나도 셀카를 잘 찍고 싶은데 포즈나 표정이 잘 안되네.

女性A: この頃セルフショット撮るのにハマって

るんだ!

女性B: 私(わたし)もセルフショット、きれいに撮(と)りたいけど、ポーズや表情(ひょうじょう)がうまくいかないんだよね。

CCTV

防犯(ぼうはん)カメラ, 監視(かんし)カメラ

CCTV에 저장된 개인정보가 제대로 관리되고 있는지 시민들은 불안하다.

예문 防犯(ぼうはん)カメラに保存(ほぞん)された個人情報(こじんじょうほう)がきちんと管理(かんり)されているのか市民(しみん)は不安(ふあん)である。

불법 주차 단속을 위해 도로에 CCTV가 설치됐다.

예문 違法駐車(いほうちゅうしゃ)取(と)り締(し)まりのために、道路(どうろ)に監視(かんし)カメラが設置(せっち)された。

아이팟 【i Pod】

アイポッド

애플이 새로운 아이팟 터치를 공개했다.

예문 アップルが新(あたら)しいアイポッドタッチを公開(こうかい)した。

아이팟은 음질이 참 좋다.

예문 アイポッドは音質(おんしつ)がすごくいい。

아이패드 【I pad】

アイパッド

아이패드를 만들어낸 스티브 잡스는 생각할수록 정말 대단한 것 같습니다.

예문

アイパッドを生み出したスティーブ・ジョブズは、考えれば考えるほど、本当にすごい人だと思う。

통신

아이패드는 와이파이존에서만 사용 가능한가요?

예문 アイパッドはワイファイゾーンだけで使用可能なんですか?

에이에스【A/S】▲

アフターサービス【after service】△

손님: 그 제품을 A/S 맡기면 공짜로 고쳐 주나요 ?

예문 A/S:1년 내라면 A/S 무료입니다.

客：この製品をお客様センター(アフターサービス窓口)に預ければ、無料で修理してくれるんですか?

お客様センター：1年を過ぎていなければ、アフターサービスを無料でお受けになれます。

A: 전자사전이 갑자기 고장 나서, AS 받으러 갔어요. 근데 15만원이 든다고 하네요.

예문 B: 왜! 너무 비싸네요!!

A: 電子辞書が突然壊れて、アフターサービスに出し行ったんですよ。でも15万ウォンかかるって。

B: わあ! すごく高いですね!!

엘시디【LCD】 **液晶ディスプレイ, 液 晶**

Liquid Crystal Display의 약자.

해설 컴퓨터 모니터를 LCD 모니터로 바꾸면 소비전력은 줄어요?

예문 パソコンのモニターを液晶(えきしょう)モニターに変(か)えれば消費電力(しょうひでんりょく)は減(へ)りますか？

지금 판매되고 있는 LCD TV는 전부 디지털 TV입니다.

예문 今販売(いまはんばい)されている液晶(えきしょう)テレビは、全部(ぜんぶ)デジタルテレビです。

정품
【正品】

❶ 正規品(せいきひん)

쇼핑몰의 대다수 상품에는 정품 마크가 표시되어 있었다.

예문 ネットのショッピングモールのほとんどの商品(しょうひん)には、正規品(せいきひん)のマークの表示(ひょうじ)があった。

"윈도 정품 혜택(WGA)"은 정품인지를 온라인으로 확인하는 저작권 침해 방지 시스템이다.

예문 “WGA”は正規品(せいきひん)なのかをオンラインで確認(かくにん)する著作権侵害防止(ちょさくけんしんがいぼうし)システムだ。

❷ ライセンス【license】

이 정품인증 솔루션은 정품을 판별하는 어플입니다

예문 このライセンス認証(にんしょう)ソリューションは、ライセンスを判別(はんべつ)するアプリケーションです。

정품등록

参考 ライセンス登録(とうろく)

텔레비전 【television】

テレビ

예문 엄마: 잠 좀 자게 티비 좀 꺼.

딸: 알았어요, 조금만 기다려.

母：寝るからテレビ消して。

娘：分かった、ちょっと待って。

예문 오늘 아침 티비에 나왔던 계곡에 가고 싶은데, 이름을 까먹었다.

今朝テレビに出てきた渓谷に行きたいが、名前を忘れてしまった。

참고 TV 편성표

テレビ番組表

평면TV 【平面TV】

薄型テレビ

예문 LK전자는 전세계에서 평면TV를 3000만대 이상 팔아서 세계 1위를 확고히 했다.

LK電子は、全世界で薄型テレビを3000万台以 上販売し、世界1位を確実なものにした。

예문 계속되는 경기침체에도 불구하고 소비자들의 평면TV에 대한 수요는 높다.

継続する景気低迷にもかかわらず、消費者の薄型テレビに対する需要は高い。

피디피 【PDP】

プラズマテレビ 【plasma display panel television】

예문 손님: 50인치 제품을 구입하려고 하는데요.

점원: 이 PDP는 어떻습니까? 최근 것과 비교해서 화질이 좋습니다.

客：50インチプラズマテレビを購入しようと思っているんですが。

店員：このプラズマテレビはどうですか? 最近のものと比較して、画質がいいです。

예문 최근에는 PDP보다 LED TV의 판매량이 높아지고 있다.

最近では、プラズマテレビよりLEDテレビの販売量が上まわっている。

2-3 PC

통신

그림파일 【-file】

画像ファイル

예문 그림파일의 용량을 줄이는 방법 없을까요?

画像ファイルの容量を減らす方法はありませんか？

예문 그림 파일이 원래 JPG파일이었는데, GIF파일로 변환해서 D드라이브에 넣었어요.

画像ファイルが本来JPGファイルだったんですが、GIFファイルに変換してDドライブに入れました。

글씨체 【-體】

フォント【font】, 字体

예문 이 글자 굉장히 보기 편하고 귀엽네. 무슨 글씨체야?

この文字すごく見やすくてかわいいね。なんていうフォント？

예문 이력서를 쓴다면 글씨체를 명조체로 하는 게 좋지 않을까?

履歴書を書くなら、字体を明朝体にしたほうがいいんじゃない？

깔다

インストール【install】する, 入れる

해설 프로그램을 '설치하다'는 'インストールする'라고 한다.

예문 윈도우 XP를 사용하다가 7으로 깔았어요.

ウィンドウズXPを使(つか)っていたけど、7をインストールしました。

예문 소프트웨어를 깔았을 때 에러가 생겨 30분 정도 걸렸다.

ソフトを入(い)れた時(とき)、エラーが発生(はっせい)して30分(ぷん)ぐらいかかった。

노트북
【note book】

ノートパソコン，ノート型(がた)パソコン

예문 노트북을 사용하고 있는데, 유선 연결은 되는데 무선 연결이 안 돼요.

ノートパソコンを使(つか)っているんですが、有線(ゆうせん)ではつながるのに、無線(むせん)はつながらないです。

예문 내가 사고 싶은 것은 화면이 큰 노트북이다.

私(わたし)が買(か)いたいのは画面(がめん)が大(おお)きいノート型(がた)パソコンだ。

다운되다
【down-】

フリーズ【freeze】する，固(かた)まる

예문 후배: 게임을 하면 컴퓨터가 다운돼버려요.

선배: 음…바이러스인 것 같은데. 포맷을 해야 할 것 같은데.

後輩(こうはい): ゲームしたら、パソコンが固(かた)まってしまうんです。

先輩(せんぱい): うーん…ウイルスのようだけど。フォーマットしなきゃいけなさそうだね。

예문 컴퓨터가 자주 다운돼서 수리를 맡겼다.

パソコンがよくフリーズするので修理(しゅうり)に出(だ)した。

다시 시작
【-始作】

再起動(さいきどう)

예문 컴퓨터에 새로운 프로그램을 받아서 컴퓨터를 재부팅했다.

パソコンに新(あたら)しいプログラムを入(い)れたので、パソコンを再起動(さいきどう)した。

예문 PC를 무한 재부팅하는 악성코드 경보가 나왔다.

PCを無限(むげん)に再起動(さいきどう)する悪質(あくしつ)プログラム警報(けいほう)が出(で)た。

다운을 받다
【download-】

ダウンロードする 【download-】

예문 음악 플레이어를 무료로 다운 받았다.

音楽(おんがく)プレーヤーを無料(むりょう)でダウンロードした。

예문 게임사이트에서 다운 받을 수 있는 어린이용 게임을 찾고 있다.

ゲームサイトでダウンロードできる子(こ)ども用(よう)のゲームを探(さが)している。

더블 클릭
【double click】

ダブルクリック

예문 더블클릭이나 마우스 오른쪽의 '열기'로 프로그램을 열면 된다.

ダブルクリックか、マウス右側(みぎがわ)の「開(ひら)く」でプログラムを開(ひら)けばいい。

예문 파일을 더블클릭하니 '알 수 없는 형식의 압축입니다'라는 창이 떴어요.

ファイルをダブルクリックすると、「解凍(かいとう)できません」という警告が出てきました。

동영상
【動映像】

動画

예문 디카에 동영상 촬영기능도 있어서 동영상을 찍었다.

デジカメに動画撮影機能もあるので、動画を撮った。

예문 게시판을 보면 동영상을 아이팟에 옮기는 법을 알 수 있다.

掲示板を見れば、動画をアイポッドに移す方法が分かる。

바이러스
【virus】

ウィルス

예문 광고: 바이러스 무료검사, 각종 스파이웨어, 바이러스 완벽제거 등 종합적으로 pc를 보호합니다.

広告: ウイルス無料検査、各種スパイウェア、ウイルス完全除去など総合的にPCを保護します。

예문 컴퓨터 바이러스는 인터넷을 통해서만 감염되는 것이 아니다.

コンピュータウイルスはインターネットだけを通じて感染するのではない。

예문 남자A: 바이러스가 있는 파일은 쓸 수 없는 건가?

남자B: 당연하지! 바로 삭제해야지.

男性A: ウイルスがあるファイルは使えないのか?

男性B: 当然だろ! すぐに削除しないと。

배경화면
【背景畵面】

壁紙(かべがみ)

예문 큰 사진 파일을 배경화면으로 하면 컴퓨터가 느려져요.

大(おお)きい写真(しゃしん)ファイルを壁紙(かべがみ)にすればパソコンが遅(おそ)くなります。

예문 이 이미지를 다운 받아 컴퓨터 배경화면으로 쓰세요.

この画像(がぞう)をダウンロードしてパソコンの壁紙(かべがみ)に使(つか)ってください。

백신프로그램
【vaccine program】

ウイルス対策(たいさく)ソフト【virus–software】

해설 'アンチウイルスソフト'【antivirus software】, 'ワクチンプログラム'이라고도 한다.

예문 A사의 백신프로그램이 문제를 일으켜 사용자의 컴퓨터가 부팅이 되지 않는 피해가 발생했습니다.

A社(しゃ)のウイルス対策(たいさく)ソフトが問題(もんだい)を起(お)こし、ユーザーのパソコンが起動(きどう)できないトラブルが発生(はっせい)しました。

예문 백신 프로그램 설치가 안 됩니다.

アンチウイルスソフトのインストールができません。

백업
【backup】

バックアップ

예문 중요한 데이터는 새 컴퓨터로 복사하여 백업하면 된다.

重要(じゅうよう)なデータは新(あたら)しいパソコンにコピーして、

バックアップすればいい。

예문 이번에 컴퓨터를 바꾸려고 하는데, 원래 있던 컴퓨터에 중요한 문서가 많아서 백업하려고 해요.

今回パソコンを買い変えようと思ってるんですが、元々あったパソコンに重要な文書が多いのでバックアップしようと思います。

서버 다운
【server down】

サーバーが落ちる，サーバーダウン

예문 가끔 갑자기 서버 다운이 되어서 한동안 접속이 안 되는 경우가 발생해요.

時々、突然サーバーが落ちて、しばらく接続できない場合があります。

예문 A: 홈페이지에 접속이 안 돼요. 왜 그럴까요?
B: 아마 동시에 접속한 사람들이 많아서 서버가 다운됐나 봐요. 조금 기다려 보세요.

A: ホームページにアクセスできないです。なぜでしょうね？
B: たぶん、同時にアクセスする人が多くて、サーバーがダウンしたんじゃないかな。少し待ってみてください。

설치
【設置】

❶ インストール【install】

예문 컴퓨터에 윈도우7을 설치하다.

コンピュータにウインドウズ7をインストールする。

예문 컴퓨터를 샀는데요, 아직 OS를 설치하지 않은 상태입니다.

コンピュータを買ったんですけど、まだOSをインストールしていない状態です。

❷ 設置

예문 컴퓨터 수리점에서 모니터, 본체, 스피커 등 설치도 해주나요?

パソコンを修理する店で、モニター、本体、スピーカーなどパソコンの設置もしてくれるんですか?

악성코드
【惡性code】

悪質プログラム

예문 악성코드는 컴퓨터에 이상을 일으킨다.

悪質プログラムはパソコンに異常を引き起こす。

예문 악성코드를 방지하기 위해 컴퓨터마다 백신프로그램을 설치한다.

悪質プログラムを防止するために、パソコンごとにウイルス対策ソフトをインストールしている。

압축파일 풀기
【壓縮file-】

解凍

예문 여기를 클릭하면 다운받은 영화 압축파일을 풀 수 있어?

ここをクリックすれば、送られてきた映画のファイル解凍できるの？

예문 내 컴퓨터에서는 네가 보낸 압축파일을 풀 수가 없어. 좀 봐줄래?

僕のパソコンだと、君からのファイルが解凍できないんだ。ちょっと見てくれない？

압축
【壓縮】

圧縮

예문 음악 파일 용량이 크니까 압축해서 메일 보내줄게.

音楽ファイルの容量が大きいから、圧縮してメールするね。

예문 이 프로그램을 설치하면 어떤 파일이라도 압축할 수 있대.

このプログラムをインストールすれば、どんなファイルでも圧縮できるらしいよ。

오류
【誤謬】

エラー【error】

예문 정말! 모처럼 다운로드 성공한 줄 알았는데 클릭했더니 오류가 떴어.

ったく！せっかくダウンロードに成功したと思ったに、クリックしたらエラーが出ちゃったよ。

예문 지난 번 어플, 몇 번이나 설치하려고 했는데 자꾸 오류가 떠서 포기했어.

こないだのアプリ、何度インストールしようとしても、必ずエラーが出るから、もうあきらめたよ。

외장 하드
【外裝 hard disk】

外付けハードディスク【-hard disk】

예문 외장 하드란 본체에 있는 하드디스크 말고 외부에 따로 하드디스크를 마련하여 저장하고 싶은 파일을 저장할 수 있는 공간을 말한다.

外付けハードディスクとは、本体にあるハードディスクではなく、外部に別のハードディスクを用意して保存したいファイルを保存できる空間のことをいう。

예문 동영상 수집가라면 누구나 외장 하드 하나씩은 가지고 있다.

動画コレクターであれば、誰でも外付けハードディスクを一つは持っている。

통신

유씨씨 UCC【User Created Contents】▲

(一般ユーザーが撮った)動画, 一般ユーザーが作成したオンライン・コンテンツ

해설 일본에서 UCC는 유명한 캔커피 제조업체 이름이다.

예문 이번에 대학을 졸업하면서 지난 학기에 있었던 행사의 동영상을 편집하여 UCC를 만들어 유투브에 올렸다.

今回大学を卒業をするので、先学期にあった行事の動画を編集した動画を作って、ユーチューブにアップロードした。

예문 한국에서 UCC라 불리는 온라인 콘텐츠는 정치에 무관심한 20~30대 사람들의 관심을 불러일으키기 위한 광고수단으로 각광받고 있다.

韓国で、UCCと言われるオンラインコンテンツは、政治に無関心な20～30代の人たちの関心を引くための広報手段としても脚光を浴びている。

출력【出力】

プリントアウト【print out】

예문 이번 과제는 컴퓨터로 입력해서 출력해오라고 선생님이 말씀하셨어.

今度の課題は、「パソコンで入力してプリントアウトするように」って先生がおっしゃってたよ。

예문 이 자료, 컬러로 출력하면 좀 비싸니까 흑백으로 해도 돼?

この資料(しりょう)、カラーでプリントアウトするとちょっと高(たか)いから、白黒(しろくろ)でしてもいい?

컴맹 【com盲】

パソコン音痴(おんち), パソコンができない人(ひと)

예문 컴맹은 디지털 시대에 살아남기 힘들다.

パソコンができない人(ひと)は、デジタル時代(じだい)を生(い)きていくのが大変(たいへん)だ。

예문 자신을 컴맹이라고 생각하시는 분은 속히 XX컴퓨터학원으로 오세요.

自分(じぶん)をパソコン音痴(おんち)だと思(おも)われる方(かた)は、今(いま)すぐXXパソコン教室(きょうしつ)にお越(こ)しください。

컴퓨터 【computer】

パソコン 【personal computer】

해설 일반적으로 'コンピューター【computer】'는 개인용 컴퓨터에 대해서는 사용하지 않는다.

예문 지금은 컴퓨터를 못하면 어디에도 취직 못해.

今時(いまどき)、パソコンができないようじゃ、どこにも就職(しゅうしょく)できないよ。

예문 나는 컴맹이라서 컴퓨터에 능통한 남성에게 끌려.

私(わたし)ってパソコン音痴(おんち)だから、パソコンのこと詳(くわ)しい男性(だんせい)に惹(ひ)かれちゃうんだよね。

컴퓨터가 느리다

パソコンが重(おも)い

예문 요즘 컴퓨터가 느려져서 최신 컴퓨터를 살까 생각 중이야.

最近パソコンが重くって、最新のを買おうかと思ってるんだ。

예문 영화 보는 게 취미여서 이것저것 다운로드 했더니 컴퓨터가 느려져서, 이제 외장 하드디스크를 사야겠어.

映画が趣味でいろいろダウンロードしてたら、パソコンが重くなってきちゃったから、そろそろ外付けハードディスク買わなきゃ。

컴퓨터가 멈추다

パソコンがフリーズ【freeze】する, パソコンが固まる

예문 초조해서 몇 번이나 클릭했더니 컴퓨터가 멈춰버렸다.

焦って何度もクリックしてたら、パソコンがフリーズしてしまった。

예문 저기, 컴퓨터가 멈췄을 때 어떻게 하면 원래대로 돌아가는지 좀 가르쳐줬으면 좋겠어.

あのさ、パソコンが固まっちゃった時って、どうやったら元に戻るか、教えてほしいんだけど。

타자【打字】

タイピング【typing】

예문 그는 타자는 빠르지만 오타가 많다.

彼はタイピングは速いけど誤字脱字が多い。

예문 동생의 타자 치는 소리가 시끄러워서 공부에 집중할 수가 없다.

弟のパソコンを打つ音がうるさくて、勉強に集中できない。

포맷하다
【format-】

フォーマットする，初期化(しょきか)する

예문 컴퓨터를 그냥 포맷하는거 말고 좀 깨끗히 밀어버릴 수 있는 방법 좀 가르쳐 주세요.

パソコンを普通(ふつう)にフォーマットするんじゃなくて、完璧(かんぺき)にフォーマットできる方法(ほうほう)を教(おし)えてください。

참고 pc관련 단어

끄기	電源(でんげん)を切(き)る
나누기	改(かい)ページ
내 문서	マイドキュメント【my document】
다른 이름으로 저장	名前(なまえ)を付(つ)けて保存(ほぞん)
닫기	閉(と)じる
대기모드	スタンバイ【stand by】
도구	ツール【tool】
도움말	ヘルプ【help】
들여쓰기	インデント【indent】，字下(じさ)げ機能(きのう)
메일주소	メールアドレス【mail address】，メアド
바로 가기	ショートカット【shortcut】
바탕 화면	デスクトップ【desktop】
복사	コピー【copy】
붙여 넣기	ペースト【paste】，貼(は)り付(つ)け

삭제	削除(さくじょ)
새로 만들기	新規作成(しんきさくせい)
시프트 키	シフトキー
실행취소	元(もと)に戻(もど)す
업로드	アップロード
열기	開(ひら)く
열어본 페이지 목록	履歴(りれき)
오른쪽 클릭	右(みぎ)クリック
왼쪽 클릭	左(ひだり)クリック
웹	ウェブ
음소거	ミュート【mute】, 消音(しょうおん)
잘라내기	切(き)り取(と)り
저장	保存(ほぞん), 上書(うわが)き保存(ほぞん)
제어판	コントロールパネル【control panel】
즐겨찾기	お気(き)に入(い)り
지우기	クリア【clear】
창	ウィンドウ【window】
찾기	検索(けんさく)
커서	カーソル
탭 키	タブキー
폴더	フォルダ
휴지통 비우기	ゴミ箱(ばこ)を空(から)にする

2-4 인터넷 _インターネット

개인정보노출
【個人情報露出】

個人情報漏洩, 個人情報流出

예문 인터넷쇼핑을 하거나 여러 사이트에 가입할 때는 개인정보가 노출되지 않도록 세심한 주의를 기울이시기 바랍니다.

ネットショッピングしたり、いろんなサイトに加入するときは、個人情報の漏洩に細心の注意を払ってください。

예문 노트북이 고장났을 때, 복구를 맡기면 개인정보가 다 노출되나요?

ノートパソコンが故障した時、復旧を頼んだら、個人情報が全部流出しますか？

검색창
【検索窓】

検索バー, 検索ウインドウ, サーチボックス【search box】

예문 기억이 흐릿할 때는 검색 창에서 키워드를 세 개 정도 입력하면 찾는 게 나올 거야.

記憶があやふやな時は、検索バーで、キーワードを三つくらい入力すると、調べたいものが見つかると思うよ。

예문 자신의 블로그에 설치할 수 있는 검색창을 제공하는 사이트를 발견했어.

自分のブログに設置できるサーチボックスを提供してるサイト見つけたよ。

통신

계정 【計定】

アカウント【account】

예문 나도 트위터 계정을 만들었어.

私もツイッターのアカウント作ったよ。

예문 요즘은 페이스북 계정을 만드는 것이 유행처럼 번지고 있다.

最近はフェイスブックのアカウントを作るのが流行っている。

고속데이터 통신망 【高速data通信網】

ブロードバンド【broad band】

예문 한국은 국가 정책적으로 한발 앞서 고속데이터 통신망 보급을 성공시켰다.

韓国は、国策としていち早くブロードバンド普及を成功させた。

예문 90년대 말부터 고속 데이터 통신망이 급속하게 보급되고, 인터넷 게임의 인기도 비등했다.

90年代末からブロードバンドが急速に普及し、ネットゲームの人気も沸騰した。

공식 사이트 【公式site】

公式サイト

예문 다음달 개봉되는 영화의 공식 사이트를 알아보고 나서 영화를 보러 갈까 한다.

来月公開される映画の公式サイトを調べてから、映画を見に行こうと思う。

글자 깨짐
【-字-】

文字化け

예문 컴퓨터와 호환이 되지 않아 글자가 깨진 상태로 문서가 실행되었다.

パソコンとの互換性がなくて、文字化けした状態で文書が実行された。

예문 A : 내가 보낸 일본 사이트 가봤어?

B : 가봤는데 일본어로 설정을 안 해서 그런지 글자가 깨져서 보기 어려웠어.

A：私が送った日本のサイト見てみた？

B：見たけど日本語に設定してなかったからか文字化けして見づらかったよ。

닷컴
【.com】

ドット・コム【.com】

예문 여자 옷 쇼핑몰인 '스위트 닷컴'은 상품 할인 판매를 시작했다.

女性服ショッピングモールの「スイートドットコム」は、商品の割引販売を始めた。

예문 '.'은 닷〈dot〉이고, 'com'은 컴입니다.

「.」はドットで、「com」はコムです。

답장
【答狀】

返信, 返事

예문 답장 감사합니다.

お返事(返信)ありがとうございます。

예문 답장 기다릴게.

返事待ってるね。

예문 늦어도 2~3일 내에는 답장을 보내 드리겠습니다.

遅(おそ)くとも2〜3日(にち)以内(いない)には返信(へんしん)いたします。

통신

로그인
【login】

ログイン，サインイン【sign in】

예문 남자A: 빨리 접속 안 해? 친구들이 기다리고 있어.

남자B: 이제 곧 로그인만 하면 돼. 기다려.

男性(だんせい)A: 早(はや)く接続(せつぞく)しろよ。みんな待(ま)ってんだぞ。

男性B: あとログインするだけだ。待(ま)ってろ。

예문 개인메일을 이용하기 위해서는 로그인을 해야 한다.

個人(こじん)メールを利用(りよう)するためにはサインインをしなければならない。

문의
【問議】

問(と)い合(あ)わせ

예문 〈이메일〉위 문의에 대한 답변 부탁드립니다.

〈Eメール〉上記(じょうき)の問(と)い合(あ)わせについてお返事(へんじ)をお願(ねが)いいたします。

예문 제품구입에 대해 문의 메일을 보내려 하는데 번역 좀 부탁드립니다.

製品購入(せいひんこうにゅう)に対(たい)して問(と)い合(あ)わせのメールを送(おく)ろうと思(おも)っているんですが、翻訳(ほんやく)をお願(ねが)いいたします。

예문 〈이메일〉문의사항이 있어서 메일 드렸습니다.

〈Eメール〉お聞(き)きしたいことがありまして、メールをお送(おく)りしました。

네티즌
【netizen】

インターネットユーザー, ネット市民(住民), ネチズン

해설 일본에서 ネチズン은 일반적이지는 않지만, 한국인 인터넷 유저를 가리킬 때 사용되기도 한다.

예문 네티즌의 항의와 불매운동 등에 의해서 실제로 광고가 끊어지는 일이 일어났다.

インターネットユーザーによる抗議や不買運動などによって、実際にスポンサー離れが起こった。

예문 네티즌들이 인터넷 상에서 매일같이 논쟁을 하고 있지만, 나는 관심이 없다.

ネット住民たちが、ネット上で毎日のように言い争っているが、私は興味ない。

네티즌 수사대
【-捜査隊】

(インター) ネットユーザー【Internet user】が、自分たちで興味ある話題を探すこと

예문 요즘 네티즌수사대가 한번 제대로 조사하면 어떤 사람의 프로필이나 기타 등등 뭐든 다 알 수 있다.

最近ネットユーザーたちが一度とことん調査すれば、その人のプロフィールやその他何でも知ることができる。

예문 네티즌 수사대는 뉴스에 나온 유명 아이돌 A가 누구인지 순식간에 찾아냈다.

韓国の「ネット住民捜査隊」はニュースに出てきた有名アイドルAが誰だったのか一瞬で探し当てた。

댓글

書き込み，掲示板のコメント

예문 댓글을 달다

掲示板にコメントを書き込む

예문 SNS가 인기 있는 이유는 자신의 혼잣말에 실시간으로 댓글을 달아주는 사람들이 있기 때문이다.

SNSが人気の理由は、自分のつぶやきに対し、リアルタイムでコメントを書き込んでくれる人がいるからだ。

브라우저 【browser】

ブラウザー，ブラウザ

예문 최신 브라우저를 사용하면 뛰어난 보안으로 바이러스에도 강하고, 빠르고 쾌적하게 인터넷을 즐길 수 있다.

最新のブラウザーを使えば、優れたセキュリティでウイルスにも強く、高速で快適なインターネットが楽しめる。

예문 스마트폰으로 인터넷을 열람하는 것도 브라우저에 따라서 보다 쾌적해진다.

スマホでのネット閲覧も、ブラウザ次第でより快適になる。

성인 사이트 【成人site】

アダルトサイト【adult site】，エロサイト[俗]

예문 무료 성인 사이트도 많지만 원클릭 사기 같은 것도 조심하지 않으면 안 된다.

無料のアダルトサイトも多いけど、ワンクリック詐欺(さぎ)などに気(き)をつけないといけない。

예문 성인 사이트는 미성년자가 보지 못하게 되어 있는데, 이것에 대한 너의 의견은?

エロサイトは未成年(みせいねん)が見(み)られないようになってるけど、それについてあなたの意見(いけん)は？

스팸 메일 【spam mail】

迷惑(めいわく)メール，△スパムメール

예문 스팸 메일함에 스팸 메일이 30개 있었어요.

迷惑(めいわく)メールフォルダに迷惑(めいわく)メールが、30個(こ)ありました。

예문 A : 스팸 메일이 자꾸 오네. 무슨 대책이 없을까?

B : 메일에 스팸 메일을 등록하는 기능이 있는데, 그것을 이용하면 어떨까?

A : 迷惑(めいわく)メールがしょっちゅう来(く)るんだけど、何(なん)か対策(たいさく)ないかな。

B : メールに迷惑メール登録(とうろく)する機能(きのう)があるんだけど、それ利用(りよう)してみたらどう？

아이디/대화명 【ID/對話名】

ハンドルネーム【handle name】，ハンドル名(めい)

예문 채팅할 때 대화명은 특별한 게 좋다.

チャットする時(とき)、ハンドルネームは変(か)わったものがいい。

예문 A: 대화명은 어떻게 바꿔?

B: 이름이 쓰여 있는 곳을 클릭하면, '대화명 설정'이 있어.

A: ハンドル名はどうやって変えるの？
B: 名前が書かれている所をクリックすれば、
‘ハンドルネーム設定’があるよ。

악플
【惡-】

悪質な書き込み, 誹謗中傷の書き込み

해설 인터넷에 올라온 기사나 게시물 등에 다는 악성 댓글이나 리플을 말한다.

예문 내가 쓴 게시물에 악플이 달려 있었다.
私が書いた掲示板の記事に、悪質なレスが書き込まれていた。

예문 인기 여가수가 악플로 인해 어제 자살했다는 뉴스가 보도되었다.
人気女性歌手が、誹謗中傷の書き込みによって昨日自殺したというニュースが報道された。

알림창
【-窓】

ポップアップウィンドウ【pop up window】

예문 프로그램에서 알림창이 자꾸 떠요.
プログラムからポップアップウィンドウが何度も出てきます。

예문 회사에서 일하고 있는데, 메신저로부터 메시지가 왔다는 알림창이 떴다.
会社で仕事をしていたら、メッセンジャーからメッセージが来たというポップアップウィンドウが出てきた。

야동

アダルト動画, エロ動画[俗]

예문 남자라면 누구나 한번쯤은 야동을 다운받아 본 경험이 있을 것이다.

男性(だんせい)なら誰(だれ)でも一度(いちど)はアダルト動画(どうが)をダウンロードした経験(けいけん)があるはずだ。

예문 야동을 성인이 되지 못한 청소년들이 보는 것은 윤리, 정신적인 문제를 일으킬 수 있다.

アダルト動画(どうが)を成人(せいじん)していない青少年(せいしょうねん)が見(み)るのは、倫理(りんり)、精神的(せいしんてき)な問題(もんだい)を招(まね)きかねない。

역인 글

トラックバック【track back】

예문 친구가 내 블로그에 들어와서 역인글을 달아 줬다.

友達(ともだち)が私(わたし)のブログを見て、トラックバックしてくれた。

예문 블로그 하단의 '역인글 보내기'에 주소를 입력하고 글을 저장하면 역인글이 보내집니다.

ブログの下(した)にある、「トラックバック送信(そうしん)」にアドレスを入力(にゅうりょく)して、記事(きじ)を保存(ほぞん)したら、トラックバックが送(おく)られます。

옥션
【auction】

オークション

예문 중고 노트북을 인터넷 옥션 사이트를 통해 저렴하게 구매했다.

中古(ちゅうこ)のノートパソコンをインターネットオークションサイトを通(つう)じて安(やす)く購入(こうにゅう)した。

예문 일본 옥션에는 찾기 힘든 한정판들이 대부분 있었다.

日本(にほん)のオークションでは、なかなか見(み)つからない限定版(げんていばん)がほとんどあった。

이메일
【E mail】

Eメール

참고 이메일 관련 단어

골뱅이【@】	アットマーク
답장	返事(へんじ)，返信(へんしん)
메일 작성	メールの作成(さくせい)
받는 사람	あて先(さき)
받은 편지함, 받은 메일함	受信箱(じゅしんばこ)/受信(じゅしん)トレイ
보내기, 송신	送信(そうしん)
보낸 날짜	送信日時(そうしんにちじ)
보낸 사람	差出人(さしだしにん)，送信者(そうしんしゃ)
보낸 편지함	送信済(そうしんず)みメール
숨은 참조	BCC
스팸 보관함	迷惑(めいわく)メールフォルダ
전달	転送(てんそう)
제목	件名(けんめい)
주소록	アドレス帳(ちょう)
참조	CC
편지 쓰기	新規作成(しんきさくせい)，メールの作成(さくせい)
핫메일	ホットメール
회신	返信(へんしん)

통신

이모티콘
【emoticon】

顔文字, 絵文字, アスキーアート 【ASCII Art】

예문 채팅할 때 이모티콘은 보내는 사람의 감정이나 표현을 더 풍부하게 해준다.

チャットする時、顔文字は送る人の感情や表現をより豊かにしてくれる。

예문 A : 그 이모티콘 귀엽다. 어디서 구했어?

B : 이거? 인터넷에서 찾았어. 귀엽지?

A : その絵文字かわいいね。どこで手に入れたの？

B : これ？ネットで見つけたんだ。かわいいでしょ？

임시 보관함
【臨時保管函】

下書き

예문 만일을 대비하여 메일을 보낼 때 보관함에 보관해놓으면 편리하게 이용할 수 있다.

万一に備えて、メールを送る時、下書き保存しておくと便利だ。

예문 A: 전에 교수님한테 메일 보냈었는데 메일 주소를 모르겠네. 어떻게 알 수 있지?

B: 교수님한테 물어보거나 임시보관함에 보낸 메일이 있을지도 모르니 확인해봐.

A: 前に教授にメール送ったことあるんだけど、メールアドレスがわかんないんだよね。どうやって調べたらいいかな？

B: 先生に聞いてみるか、下書きフォルダに送ったメールがあるかもしれないから、確認してみたら？

전달
【傳達】

転送(てんそう)

예문 A: 보낸 적도 없는데 메일이 전달되지 않았다는 메일이 자꾸 옵니다.
B: 계속 그렇게 메일이 오면 보지 마시고 바로 바로 삭제하세요.

A: 送(おく)ってもいないのに、メールの転送(てんそう)ができなかったというメールがひっきりなしに来(く)るんです。

B: ずっとそんなメールが来(く)るなら、開(あ)けずにその場(ば)ですぐ削除(さくじょ)してください。

예문 손님: 이 폰에 간단하게 전달하는 기능이 있나요?
점원: 전달하고 싶으신 메시지의 화면 아래 중간에 전달이라는 버튼이 있습니다.

客(きゃく): この携帯(けいたい)に、簡単(かんたん)に転送(てんそう)する機能(きのう)がありますか?

店員(てんいん): 転送(てんそう)したいメッセージの画面下(がめんした)の真(ま)ん中(なか)に転送というボタンがあります。

채팅
【chatting】

チャット

예문 A: 채팅사이트에 회원가입해서 로그인했는데, 어떻게 채팅해요?
B: 그럼, 다른 사람이 채팅을 하고 있는 방에 들어가서 채팅을 하면 돼요.

A: チャットのサイトに会員加入(かいいんかにゅう)してログインしたんですが、どうやってチャットするんですか?

B: じゃあ、他(ほか)の人(ひと)がチャットしているチャットルームに入(はい)ってチャットをしたらいいですよ。

예문 경찰에 따르면 A씨는 지난달 1일 채팅으로 만난 B씨의 집에서 지갑에 들어있던 현금 30만원을 훔친 혐의를 받고 있다.

警察によると、A氏は先月1日、チャットで知り会ったB氏の自宅から、財布に入っていた現金30万ウォンを盗んだ容疑がかけられている。

트위터
【Twitter】

ツイッター

예문 트위터를 시작했습니다! 팔로우 해 주세요.

ツイッター始めました！フォローしてください。

예문 나는 트위터를 하는데, 업무중에는 폰을 못 만지니까 트윗할 시간이 없네.

わたしツイッターしてるんだけど、仕事中は、ケータイできないから、つぶやく時間がないんだよね。

해커
【hacker】

ハッカー

예문 이번 선거기간에 선거관리위원회 홈페이지로 해킹을 시도한 해커가 경찰에 체포되었다

今回の選挙期間に、選挙管理委員会のホームページにハッキングを試みたハッカーが警察に逮捕された。

예문 해커 집단 A가 브라질 은행의 웹사이트를 공격했다.

ハッカー集団Aが、ブラジル銀行のウェブサイトを攻撃した。

3

Chapter

문화・오락 文化(ぶんか)・娯楽(ごらく)

3 문화·오락 _文化(ぶんか)·娯楽(ごらく)

개그맨 【gagman】

お笑(わら)い, お笑(わら)い芸人(げいにん), お笑(わら)いタレント, 芸人(げいにん)

해설 일본의 개그프로를 보면 'ボケ', 'つっこみ'라는 말이 자주 나온다. ボケ = 바보역. つっこみ = 지적해서 상황을 정리하는 사람을 말한다.

예문 '개그 night'란 프로에는 유명한 개그맨이 많이 출연하고 있다.

「ギャグナイト」という番組(ばんぐみ)には有名(ゆうめい)なお笑(わら)い芸人(げいにん)がたくさん出(で)ている。

예문 요즘 개그맨은 드라마에 빈번히 출연한다.

最近(さいきん)のお笑(わら)いは、ドラマによく出演(しゅつえん)する。

개인기 【個人技】

❶ 隠(かく)し芸(げい), 芸(げい), 一発芸(いっぱつげい)

예문 사회생활을 하기 위해서 개인기 한 두 개쯤은 필수다.

社会生活(しゃかいせいかつ)のために、隠(かく)し芸(げい)の一(ひと)つや二(ふた)つは必(かなら)ず必要(ひつよう)だ。

❷ 得意技(とくいわざ), 技術(ぎじゅつ), 素晴(すば)らしいパフォーマンス

【performance】〈스포츠〉

예문 이 영상은 호날두의 멋진 개인기 영상입니다.

この映像(えいぞう)は、ロナウドの素晴(すば)らしいパフォーマンスの映像(えいぞう)です。

고스톱 【go+stop】▲	**花札(はなふだ), こいこい** 예문 한국의 명절에는 고스톱을 치는 광경을 종종 볼 수 있다. 韓国(かんこく)のお盆(ぼん)やお正月(しょうがつ)には、花札(はなふだ)をする光景(こうけい)がよく見(み)られる。 예문 한국의 고스톱과 일본 고스톱의 룰은 다소 다르다. 韓国(かんこく)の「ゴーストップ」と日本(にほん)の花札(はなふだ)のルールは多少(たしょう)異(こと)なる。
꼬시다	**❶ 口説(くど)く** <이성에게 사랑을 호소할 때> 예문 후배 : 여자를 꼬실 때 좋은 말이 뭐가 있을까요? 선배 : 유머보다는 그냥 진심으로 그 사람에게 다가가면 되지. 後輩(こうはい) : 女性(じょせい)を口説(くど)く時(とき)に、いいセリフ何(なん)かありますか? 先輩(せんぱい) : 笑(わら)いをとるより、心(こころ)からその人(ひと)に向(む)き合(あ)えばいいよ。 **❷ ナンパする** <모르는 이성에게 '헌팅하다'의 뜻으로> 예문 남자A : 예쁜 여자 꼬시는 방법 없을까? 남자B : 잡지를 참고하면 어때? 男性(だんせい)A : かわいい子(こ)をナンパする方法(ほうほう)ないかな? 男性B : 雑誌(ざっし)を参考(さんこう)にすれば?
공포 영화 【恐怖映畵】	**ホラー映画(えいが)** 예문 나는 공포영화는 무서워서 잘 보지 않는다.

私はホラー映画は怖くてあまり見ない。

예문 여름에 공포영화가 많이 개봉된다.

夏にはホラー映画が多く上映される。

더빙
【dubbing】

吹き替え

해설 드라마, 영화 등 외국어로 되어 있는 대사를 자기 나라 말로 바꾸는 것.

예문 A : 이 일본 애니메이션을 보고 싶은데, 더빙이 나을까요, 아니면 자막이 나을까요?

B : 저는 개인적으로 자막이 더 좋았어요.

A : この日本のアニメを見たいんですが、吹き替えがいいでしょうか、字幕がいいでしょうか?

B : 私は個人的に字幕が良かったです。

해설 ダビング【dubbing】라는 말은 내용〈영화/음악〉이 들어있는 테이프 등을 공테이프에 복사【copy】하는 것을 말한다. 한국어로 '〈테이프 등의〉 복사/카피' =일본어로 ダビング라고 생각하면 된다. 또, 'CD나 DVD를 복사하다'라는 표현은 일본어로 'CD/DVDを焼(や)く'란 표현을 많이 사용한다.

예문 선배 : 어제 드라마, 바빠서 놓쳤어.

후배 : 정말 재미있었어요. DVD에 녹화했는데, 카피해 드릴까요?

先輩 : 昨日のドラマ、忙しくて見逃しちゃった。

後輩 : 本当に面白かったですよ。DVDに録画したから、焼きましょうか?

문화오락

동아리 | **サークル**【circle】

예문 대학에 들어가면 동아리 활동을 해보고 싶습니다.

大学に入ったら、サークル活動をしてみたいです。

예문 어떤 동아리에 들지 고민 중이다.

何のサークルに入ろうか悩んでるところだ。

딩동댕 | **ピンポン**〈퀴즈 등에서 정답일 때 내는 소리〉

예문 사회자 : 자, 이 문제의 답은 몇 번일까요?

도전자 : 3번입니다… 〈딩동댕!〉

사회자 : 네! 정답입니다

司会者：さあ、問題の答えは何番でしょうか?

挑戦者：3番です…〈ピンポーン!〉

司会者：はい！ 正解です。

땡 | **ブー**〈정답이 아닐 때 내는 소리〉

예문 사회자 : 현재 5번째 도전 중이십니다. 자, 과연 답은?

도전자 : 답은 1번입니다…〈땡〉.

사회자 : 안타깝습니다. 정답은 4번이었습니다.

司会者：現在５回目の挑戦中です。さあ、果たして答えは?

挑戦者：答えは1番です… 〈ブー〉。

司会者：残念!! 正解は4番でした。

립싱크
【lip sync】

口(くち)パク

예문 요즘은 립싱크가 아닌 라이브로 제대로 부르는 가수가 큰 인기를 끌고 있다.

この頃(ごろ)は口(くち)パクではなく、生(なま)でちゃんと歌(うた)う歌手(かしゅ)が人気(にんき)を得(え)ている。

예문 노래하며 춤추는 것은 힘들지만, 노래는 립싱크로 하고 몸만 움직이는 가수는 큰 질타를 받는다.

歌(うた)って踊(おど)るのは大変(たいへん)だが、歌(うた)は口(くち)パクで、踊(おど)るだけの歌手(かしゅ)は叩(たた)かれる。

문화생활
【文化生活】

映画(えいが)・コンサート・美術館(びじゅつかん)などに行(い)くこと

해설 일본에서는 '文化生活(ぶんかせいかつ)をする'(문화생활을 한다)라는 말이 없고 구체적으로 '映画(えいが)/コンサートに行く'와 같이 표현한다.

예문 영화를 보러 가거나 콘서트에 가거나 하는 것을 한국에서는 문화생활이라고 부른다.

映画(えいが)を見(み)に行(い)ったり、コンサートに行(い)ったりすることを、韓国(かんこく)では「文化生活(ぶんかせいかつ)」と呼(よ)ぶ。

예문 주말에 다양한 문화생활을 즐기는 것은 한 주 동안의 스트레스를 푸는 것이며, 다음 한 주를 대비하는 작업이다.

週末(しゅうまつ)に多様(たよう)な音楽(おんがく)、芸術(げいじゅつ)・映画(えいが)などの鑑賞(かんしょう)を楽(たの)しむことは、一週間(いっしゅうかん)のストレスを解消(かいしょう)することであり、次(つぎ)の週(しゅう)に備(そな)える作業(さぎょう)である。

물이 좋다

❶ <술집이나 나이트 클럽 등에서 사람에 대해>

客層(きゃくそう)や雰囲気(ふんいき)がいい

예문 남성A : 어제 클럽 물 좋더라.

남성B : 오~ 예쁜 여자 많았어?

남성A : 장난 아니었어.

男性(だんせい)A：昨日(きのう)クラブにかわいい子(こ)が多(おお)かったよ。

男性B：おーきれいな子(こ)いっぱいいた？

男性A：ハンパなかったよ。

❷ <온천>**お湯(ゆ)がいい**

예문 부산에 있는 온천장은 물이 좋아서 관광객의 발길이 끊이지 않는다.

プサンにある「温泉場(オンチョンジャン)」はお湯(ゆ)がいいから、観光客(かんこうきゃく)が絶(た)えない。

미팅
【meeting】

❶ **合(ごう)コン**

예문 남자A : 크리스마스도 다가오는데 미팅 할래?

남자B : 미안, 나 여자친구 있어.

男性(だんせい)A：もうすぐクリスマスだし、合(ごう)コンでもする？

男性B：ごめん、俺(おれ)、彼女(かのじょ)いるんだ。

예문 남자A : 어제 미팅에 나가서 이상형의 여자를 만났어.

남자B : 좋겠다~ 부러워!

男性(だんせい)A：昨日合(きのうごう)コン行ったら、すんごいタイプの女(おんな)の子(こ)に会(あ)った。

男性B：いいな～、うらやましいな～！

❷ <회사 등에서>**打ち合わせ，ミーティング**

예문 오늘 오후 2시에 미팅이 있으니 모두 참석 바랍니다.

今日の午後2時に打ち合わせを行いますので、全員参加でお願いします。

밀고 당기기

(恋の)駆け引き

예문 남자 : 태희는 항상 회사 남자동료들과 함께 클럽에 갔던 이야기를 해…. 태희는 나를 이성으로 생각하지 않는 걸까?

여자 : 태희도 너를 좋아해서 밀당(밀고당기기)하고 있는 건 아닐까? 그녀에게 슬슬 네 마음을 고백해 보면 어때?

男性: テヒはいつも会社の同僚の男たちと一緒にクラブに行った話をするんだ…。テヒは俺を異性として見てないのかな？

女性: テヒもあなたのこと好きなんだから、恋の駆け引きみたいなことしているんじゃない？彼女にそろそろ告白してみたら？

예문 연애 기술 중 밀당이 뭔지 궁금해서 인터넷에서 검색해본 적이 있다.

恋愛テクニックの中で、恋の駆け引きがどんなものなのか気になって、ネットで調べたことがある。

막장드라마 【-drama】

ありえないストーリーのドラマ，現実離れしたドラマ

참고 막장(광산에서 갱도의 막다른 곳)=鉱山(こうざん)での、坑道(こうどう)の突(つ)き当(あ)たり

예문 여학생A: 어제 드라마 봤니? 어머니의 남친이 그 딸의 예전 남자친구 였어!
여학생B: 정말 웃기네. 막장 드라마다.

女子学生(じょしがくせい)A：昨日(きのう)のドラマ見(み)た? 母親(ははおや)の彼氏(かれし)が、その娘(むすめ)の元彼(もとかれ)だったのよ!
女子学生B：マジ、ウケる。ありえないドラマ。

예문 TV를 켜도 볼만한 프로가 없다. 막장드라마가 판을 치고 있고, 뉴스조차 믿을 수 없다.

テレビをつけても見(み)る価値(かち)のある番組(ばんぐみ)がない。現実離(げんじつばな)れしたストーリーのドラマが大半(たいはん)を占(し)め、ニュースさえ信(しん)じることはできない。

몰래 카메라 【-camera】

隠(かく)しカメラ, どっきり(カメラ)

예문 옛날에 몰래 카메라를 이용하여 다른 사람들이 놀라는 광경을 찍는 방송이 있었다.

昔(むかし)は隠(かく)しカメラを利用(りよう)して、人(ひと)を驚(おどろ)かすシーンを撮影(さつえい)する番組(ばんぐみ)があった。

예문 그 사람의 진솔한 모습이나 표정을 보고 싶을 때 몰래 카메라를 찍기도 한다.

その人(ひと)の素(す)の様子(ようす)や表情(ひょうじょう)を見(み)たい時(とき)、どっきりカメラで撮(と)ったりもする。

바가지 씌우다

ぼったくる, とんでもない料金(りょうきん)や値段(ねだん)を請求(せいきゅう)する

해설 일본어에서는 수동형으로 많이 사용한다. 〈ぼったくる → ぼったくられる〉

예문 장사꾼들이 외국인을 상대로 바가지를 씌우는데, 그게 외국인한테만 그러는 것 같지는 않다.

商売人(しょうばいにん)たちが外国人相手(がいこくじんあいて)にぼったくるが、それは外国人(がいこくじん)だけにそうするのではなさそうだ。

예문 요전에 갔던 바에서 술값으로 20만 원이나 냈다. 완전히 바가지 썼다.

この間(あいだ)行(い)ったバーで、酒代(さかだい)20万(まん)ウォンも払(はら)った。完全(かんぜん)にぼったくられたよ。

반전 드라마
【反転drama】

どんでん返(がえ)しのあるドラマ

예문 A : 어제 그 드라마 마지막 회 봤어?

B : 완전 반전 드라마였어! 그런 결말일지 생각도 못했어.

A： 昨日(きのう)あのドラマの最終回(さいしゅうかい)見た？

B： 超大(ちょうだい)どんでん返(がえ)しだったよね！あんな結末(けつまつ)になるとはね。

예문 저는 드라마를 좋아하지만, 특히 반전 드라마를 좋아합니다.

私はドラマが好(す)きなんですが、特(とく)に、まさかの展開(てんかい)になるドラマが好(す)きです。

배낭여행
【背囊旅行】

バックパック【backpack】で旅行(りょこう)すること

해설 'バックパッカー'【backpacker】〈백패커〉는 적은 예산으로 해외 개인 여행하는 여행자를 말한다. 젊은 사람들은 줄여서 'パッカー'로 부른다.

예문 친구A : 이번 겨울방학에 어디로 여행 갈 거야?

친구B : 이번에는 유럽으로 배낭여행을 갈 생각이야.

友達A：今度の冬休み、どっか旅行行くの？

友達B：今回はヨーロッパにバックパックしようかなと思ってるんだ。

예문 배낭여행을 가기 위해, 아르바이트를 하며 돈을 모으고 있다.

バックパック旅行するために、バイトしてお金を貯めている。

부킹
【booking】

店員に異性を紹介してもらうこと，セッティング

해설 일본에는 '부킹'이란 단어나 문화가 없다.

예문 손님 : 오늘 물 어때요?

웨이터 : 물 좋습니다. 부킹, 맡겨만 주세요.

客：今日の客層どう？

ウェイター：いいですよ。セッティング、お任せください。

예문 어제 나이트클럽에 가서 부킹을 많이 했지만, 전부 실패했다

昨日ナイトクラブに行って、けっこうセッティングしてもらったんだけど全滅だった。

V싸인
【V sign】

ピースサイン【peace sign】，Vサイン

예문 사진사 : 자아, 여러분. 사진 찍겠습니다. 포즈는 V로 해 주세요.

학생들 : 〈단체로〉브이.

カメラマン：じゃ、みなさん。写真撮りますよ。ピースサインでお願いします。

学生たち：〈団体で〉ピ～～～ス。

예문 나는 사진을 찍을 때 항상 브이 포즈를 취해.

私(わたし) 写真(しゃしん)撮(と)る時(とき)、いつもピースしちゃうんだよね。

뽀뽀

チュー

예문 뽀뽀하자고 남자친구가 입술을 내밀었다.

チューしよ～といいながら彼氏(かれし)が唇(くちびる)を突(つ)き出(だ)してきた。

예문 여자A : 데이트 어땠니?
여자B : 기대했는데 뽀뽀도 못 했어.

女性(じょせい)A：デートどうだった？
女性B：期待(きたい)してたのに、チューもできなかった。

사이비종교
【-宗教】

カルト【cult】宗教(しゅうきょう)

예문 사이비종교에 빠지지 않게 주의하자.

カルト宗教(しゅうきょう)にはまらないように気(き)をつけよう。

예문 길에서 사이비종교인들이 나에게 다가와서 도망쳤다.

道(みち)でカルト宗教(しゅうきょう)の人(ひと)たちが、私(わたし)に近(ちか)づいてきたので逃(に)げた。

생신
【生辰】

(目上(めうえ)の人(ひと)の)誕生日(たんじょうび)

예문 오늘은 어머니 생신이다.

今日(きょう)は母(はは)の誕生日(たんじょうび)だ。

예문 할아버지한테 생신축하 선물을 보내려고 하는데 뭐 좋은 거 없을까요?

おじいさんに誕生日(たんじょうび)のプレゼントを送(おく)ろうと思(おも)っているんですが、何(なに)かいいのはありませんか?

소개팅
【紹介 + Meeting】

友達(ともだち)などの紹介(しょうかい)で、まだ一度(いちど)も会(あ)ったことのない相手(あいて)とデートをすること

해설 참고로 맞선은 'お見合(みあ)い' 라고 한다.

예문 내 남자 친구는 소개팅을 통해서 만났다.

彼氏(かれし)とは友達(ともだち)の紹介(しょうかい)で知(し)り合(あ)った。

예문 가뜩이나 외로운데 날씨도 쌀쌀해서 더 외롭지? 이번에 소개팅 해보는 게 어때?

ただでさえ寂(さみ)しいのに、寒(さむ)くなってきてもっと寂しいでしょ? 今度(こんど)誰(だれ)か紹介(しょうかい)してもらったら?

예문 저번에 소개팅으로 만난 사람이랑은 어때?

こないだ紹介(しょうかい)で会(あ)った人(ひと)とはどう?

쇼핑백
【shopping bag】

(デパートなどの)紙袋(かみぶくろ)

해설 장바구니＝マイバッグ, 買(か)い物(もの)袋(ぶくろ), エコバック / 비닐봉지=ビニール袋(ぶくろ)

예문 점원 : 손님, 쇼핑백에 넣어드릴까요?

손님 : 감사합니다.

店員(てんいん) : お客様(きゃくさま)、紙袋(かみぶくろ)にお入(い)れしましょうか?

客（きゃく）：ありがとうございます。

예문 최근 쇼핑백 사용이 줄어들고 있다는 소식을 뉴스에서 들었다.

最近（さいきん）、紙袋（かみぶくろ）の使用（しよう）が減（へ）っているという話（はなし）をニュースで聞（き）いた。

스티커 사진
【sticker寫眞】

プリクラ

예문 남자 : 우리 오늘 스티커 사진 찍고 갈래?

여자 : 그럴까? 오랜만이네.

男性（だんせい）：今日（きょう）、プリクラ撮（と）ってく？

女性（じょせい）：そうしよっか? 久（ひさ）しぶりだね。

예문 친구들과 함께 찍은 스티커 사진을 지갑 속에 가지고 다닌다

友達（ともだち）と一緒（いっしょ）に撮（と）ったプリクラを、財布（さいふ）の中（なか）に入（い）れて持（も）ち歩（ある）く。

아이쇼핑
【eye shopping】▲

ウインドーショッピング 【window-shopping】

예문 A : 오늘 뭐하지?

B : 아이쇼핑 하러 갈래?

A：今日何（きょうなに）しよっか？

B：ウインドーショッピングしよっか。

예문 월급을 받기 전까지는 아이쇼핑을 할 수밖에 없다.

給料（きゅうりょう）をもらうまではウインドーショッピングをするしかない。

이벤트
【event】

❶ 演出, 記念日などでする特別な演出

예문 남자 : 내일이 여자친구와의 1주년 기념일인데 어떤 이벤트를 하면 좋을까?

여자 : 그럼, 촛불 이벤트를 하는 건 어때?

男性：明日彼女との1周年記念日なんだけど、どんな演出をすればいいだろうか?

女性：じゃあ、ロウソクを飾って演出するってのはどう?

❷ イベント

예문 크리스마스 이벤트가 명동에서 열린다고 한다.

クリスマスのイベントが明洞で開かれるらしい。

인증샷
【認證shot】

証拠写真, 事実を裏付けるための写真

해설 일본에서 '証拠写真(しょうこしゃしん)'이라고 하면 연예인에 관한 스캔들이나 뉴스 등에서 사용되는 경우가 많다. 그래서 인증샷을 일본어로 번역할 때는 다른 표현으로 번역하는 편이 자연스럽다.

예문 우리 회사 옷을 주문하신 분이 잘 받았다는 인증샷을 보내주셨다.

うちの会社の服を注文してくださった方が、確かに受け取ったと写真を送ってくださった。

예문 컴퓨터 샀어! 이거 인증샷.

パソコン買ったよ！ほら、これパソコンが写ってる写真。

사극
【史劇】

大河(たいが)ドラマ, 時代劇(じだいげき), 歴史(れきし)ドラマ

예문 A : 너는 어떤 장르의 드라마를 좋아해?
B : 나는 개인적으로 사극 드라마를 좋아해.

A : どんなジャンルのドラマが好(す)き？
B : 個人的(こじんてき)には大河(たいが)ドラマとか好きかな。

예문 최근 일본에 수출되고 있는 한국 드라마는 사극도 많이 있다.

最近(さいきん)日本(にほん)に輸出(ゆしゅつ)されてる韓国(かんこく)ドラマは、時代劇(じだいげき)もたくさんある。

본방사수
【本放死守】

録画(ろくが)をせず、リアルタイムで放送(ほうそう)を見(み)ること

예문 〈드라마 제작발표회 기자회견 중〉배우 : 여러분, 인터넷에서 다시 보기로 보지 말고 내일 9시에 드라마 본방 사수 해주세요.

〈ドラマの制作発表記者会見中(せいさくはっぴょうきしゃかいけんちゅう)〉
俳優(はいゆう) : みなさん、インターネットで見(み)ないで、明日(あした)9時(じ)、リアルタイムで放送(ほうそう)されるドラマを見てください。

예문 A : "퀴즈X" 너무 재미있는 것 같아!
B : 오늘 예고를 보니까 대박이었어! 오늘도 본방사수 할 거야.

A : 「クイズX」、かなりおもしろそう！
B : 今日(きょう)予告(よこく)見たけど、すごかったよ！今日も放送(ほうそう)される時間(じかん)に見よっと。

쇼 프로
【show program】

娯楽番組(ごらくばんぐみ) 〈歌番組(うたばんぐみ)、クイズ番組、お笑(わら)い番組など〉

해설 일본에서는 경우에 따라 구분하여 사용한다.

예문 여자A : 어떤 쇼 프로를 좋아해?

여자B : 나는 '뮤직J'라는 쇼 프로를 좋아해.

女性(じょせい)A: どんな娯楽番組(ごらくばんぐみ)が好(す)き？

女性B: わたしは「ミュージックJ」という歌番組(うたばんぐみ)が好(す)き。

예문 주말에는 쇼 프로를 많이 방송해주기 때문에 심심하지 않다.

週末(しゅうまつ)には娯楽番組(ごらくばんぐみ)をたくさん放送(ほうそう)するから、退屈(たいくつ)しない。

CF
【commercial film】

CM, コマーシャル【commercial】

예문 남자A : 이번에 새로 나온 CF 봤어?

남자B : 당연하지. 정말 기발하던걸?

男性(だんせい)A: 今度(こんど)新(あたら)しく始(はじ)まったCM見たか？

男性B: もちろん。本当(ほんとう)に奇抜(きばつ)だったね。

예문 한국 케이블 드라마에는 방송 도중에 CF가 나온다.

韓国(かんこく)のケーブルのドラマには、放送途中(ほうそうとちゅう)コマーシャルが入(はい)る。

연속극
【連續劇】

連続(れんぞく)ドラマ, 連(れん)ドラ〔俗〕

예문 엄마 : 애야, 텔레비전 좀 켜봐. 연속극 할 시간이네.

미나 : 네, 엄마. 같이 봐요.

母(はは)：ミナ、テレビつけて。連(れん)ドラが始(はじ)まる時間(じかん)だよ。

ミナ：うん。お母(かあ)さん。一緒(いっしょ)に見よう。

예문 주말 연속극 시청률의 상승세가 눈에 띈다.

週末連続ドラマの、視聴率の上昇が目につく。

연예 프로
【演藝-】

バラエティー番組, バラエティー

예문 마키 : 난 다큐멘터리 프로가 좋아. 넌 어때?

유리 : 누가 뭐래도 연예 프로가 제일 재미있는 것 같아.

まき：私はドキュメンタリー番組がいい。
ユリはどう?

ユリ：誰がなんて言おうと、バラエティーが一番おもしろい。

예문 최근 방송사의 연예 프로 비중이 점점 늘어나고 있는 추세이다.

最近、テレビ局のバラエティー番組の比重がますます増える傾向がある。

정답
【正答】

正解, 正しい答え

예문 퀴즈프로의 패널 : 이 퀴즈의 답은 … '달력'입니다

사회자 : 정답입니다!

クイズ番組の解答者：このクイズの答えは……
「カレンダー」です。

司会者：正解です!

창고대개방
【倉庫大開放】

クリアランスセール【clearance sale】, 在庫一掃大売り出し

예문 High 패션, 겨울 창고대개방 최대 85%세일!

Highファッション、冬のクリアランス最大85%オフのセール!

예문 다음주에 유명브랜드 신발재고를 창고 대개방하는 세일판매가 아파트 앞에서 열린다.

来週(らいしゅう)、有名(ゆうめい)ブランド靴(ぐつ)の在庫一掃(ざいこいっそう)セールがマンションの前(まえ)で開(ひら)かれる。

채널
【channel】

チャンネル, チャネル

해설 주로 텔레비전, 라디오에서는 'チャンネル'를 사용하고, 그 이외의 마케팅이나 통신 용어 등에서는 チャネル라고 한다.

예문 TV프로그램을 다른 채널로 바꾼다.

テレビ番組(ばんぐみ)を別(べつ)のチャンネルに変(か)える。

참고 유통 채널

流通(りゅうつう)チャネル

7080개그

親父(おやじ)ギャグ, 70・80年代(ねんだい)の古臭(ふるくさ)いギャグ

예문 요즘 TV 개그프로에서는 7080개그가 인기있다.

この頃(ごろ)、TVのお笑(わら)い番組(ばんぐみ)では、親父(おやじ)ギャグが人気(にんき)がある。

예문 과장 : 인도에서는 인도로 다녀야 해.

부하 : 하하하. 과장님 지금 7080개그 하신 거죠?

課長(かちょう)：インドでは、'インド(歩道(ほどう))'を歩(ある)かなきゃ。

部下(ぶか)：アハハ…。課長(かちょう)、今(いま)の親父(おやじ)ギャグだったんですか…。

7080노래

懐(なつ)メロ(懐(なつ)かしいメロディ의 줄인말)

문화오락

예문 회식 후 회사동료들과 노래방에 갔는데 부장님이 7080노래만 5곡째 계속 부르셨다.

飲(の)み会(かい)の後(あと)、会社(かいしゃ)の同僚(どうりょう)たちとカラオケに行(い)ったが、部長(ぶちょう)が懐(なつ)メロばかり5曲(きょく)たて続(つづ)けに歌(うた)った。

예문 A : 7080노래 구하기가 힘든데….

B : 저 같은 경우는 그냥 인터넷 음악사이트나 음반매장 같은데 가서 구입해요.

A : 懐(なつ)メロがなかなか手(て)に入(はい)らないんだけど…。

B : 私(わたし)の場合(ばあい)、普通(ふつう)にネットの音楽(おんがく)サイトやCD売(う)り場(ば)みたいな所(ところ)に行(い)って買(か)います。

클라이맥스
【climax】

サビ

해설 '후렴'은 '繰(く)り返(かえ)し'라고 한다.

예문 그 노래는 도입부와 클라이맥스 부분이 특징이다.

あの歌(うた)は、歌(うた)い出(だ)しとサビの部分(ぶぶん)に特徴(とくちょう)がある。

예문 A : 너 '소녀시대' 신곡 들어봤어?

B : 당연하지. 난 그 노래 클라이맥스가 참 마음에 들더라.

A : ねぇ、少女時代(しょうじょじだい)の新曲(しんきょく)聞(き)いた?

B : 当(あ)たり前(まえ)じゃん。あの歌(うた)のサビの部分(ぶぶん)めっちゃよくない?

편성표
【編成表】

番組表(ばんぐみひょう)

예문 A : 케이블TV프로그램 편성표를 어떻게 알 수 있어?

B : 인터넷으로 검색해보면 나와요.

A：ケーブルテレビの番組表(ばんぐみひょう)、どうやったらわかる？

B：インターネットで検索(けんさく)したら、出(で)てきます。

예문 알림 : 이 편성표는 방송사 사정에 따라 변경될 수 있습니다.

お知(し)らせ：この番組表(ばんぐみひょう)は放送局(ほうそうきょく)の事情(じじょう)により変更(へんこう)されることがあります。

프로그램
【program】

番組(ばんぐみ)

참고

프로그램 편성표	番組表(ばんぐみひょう)
TV 프로그램	テレビ番組(ばんぐみ)
개그 프로그램	お笑(わら)い番組(ばんぐみ)

패키지 여행
【package旅行】

パック旅行(りょこう), パッケージツアー

예문 해외여행을 할 때에는 자유여행보다는 패키지여행이 비용과 시간 면에서 효율적이다.

海外旅行(かいがいりょこう)をする時(とき)には、個人旅行(こじんりょこう)よりはパッケージツアーの方(ほう)が費用(ひよう)と時間(じかん)の面(めん)で効率的(こうりつてき)だ。

예문 여름방학에 프랑스에 패키지 여행을 계획하고 있습니다.

夏休(なつやす)みに、フランスにパック旅行(りょこう)を計画(けいかく)しています。

표
【票】

チケット【ticket】, 切符(きっぷ)

해설 일본에서는 일반적으로 표의 종류마다 명칭이 다르다. 'チケット'는 일반적으로 장거리 이동하는 버스나 열차의 표, 또는 영화, 콘서트, 놀이공원의 표를 말하고, '切符(きっぷ)' 는 일반적으로 전철이나 지하철 표를 말한다.

예문 오늘 영화 보러 갈래? 공짜 표 생겼거든.

今日、映画見に行かない？無料チケットがあるんだ。

예문 A : 오사카에서 지하철 표 어떻게 사야 하나요?

B : 지하철역에 가면 기계가 있어요. 역무원한테 물어 보세요.

A：大阪で地下鉄の切符、どうやって買うんですか?

B：地下鉄の駅に行けば、機械があります。駅員に聞いてみてください。

표절 시비
【剽竊是非】

盗作疑惑, パクリ疑惑[俗]

예문 신인가수의 노래가 표절시비에 부딪혔다.

新人歌手の歌の、盗作疑惑が取り沙汰されている。

예문 이 드라마는 2011년, 인기 소설 'A-file' 의 표절시비로 화제를 모았다.

このドラマは2011年、人気小説「A-file」の盗作疑惑で話題になった。

하차
【下車】

❶ <TV나 라디오에서 사용할 경우>**降板**

예문 음주운전 사고를 낸 개그맨이 현재 방송중인 예능 프로그램에서 하차했다.

飲酒運転事故を起こしたお笑い芸人が現在放送中のバラエティー番組を降板した。

❷ <차에서 내릴 경우>**下車(げしゃ)**

예문 A : 어디서 하차하세요?

B : 강남고속버스터미널에서 내립니다.

A : どこで下車(げしゃ)しますか?

B : カンナム高速(こうそく)バスターミナルで降(お)ります。

해체
【解體】

❶ <연예인의 그룹 등이>**解散(かいさん)する**

예문 걸그룹 'Kiss me'는 많은 팬들의 아쉬움을 뒤로한 채 해체됐다.

ガールズグループ「Kiss me」は多(おお)くのファンたちに惜(お)しまれながら解散(かいさん)した。

예문 이번 달을 마지막으로 원가절감 TFT 프로젝트팀은 해체됩니다.

今月(こんげつ)を最後(さいご)に、コスト削減(さくげん)TFTプロジェクトチームは、解散(かいさん)します。

❷ **解体(かいたい)**

예문 일본 후쿠시마 제1원자력발전소를 해체하는 데 수 십 년이 소요될 것이라는 전망이 나왔다.

日本(にほん)の福島第1原子力発電所(ふくしまだいいちげんしりょくはつでんしょ)を解体(かいたい)するのに数十年(すうじゅうねん)を要(よう)するという見方(みかた)が出(で)てきた。

헌팅하다
【hunting-】

ナンパする

예문 A : 남자들 헌팅 많이 하잖아. 그런데 어떤 목적으로 하는지 궁금하네.

B : 나도 진짜 이해 못하겠어!!

A : 男(おとこ)の人(ひと)ってよくナンパするじゃん?でもどん

な目的でするのか不思議。

B：私もほんと理解できない!

예문 여자A : 오늘 길거리에서 두 번이나 헌팅 당했어.

남자A : 오~ 대단한데!

女性：今日道で二回もナンパされちゃった。

男性A：おー、すげぇじゃん！

화보
【畫報】

写真集, 写真や絵中心の雑誌

해설 일본에서는 일반적으로 '画報(がほう)'〈화보〉보다 '写真集(しゃしんしゅう)〈사진집〉'를 많이 쓴다.

예문 MR.A는 요즘 화보집을 내서 화제를 모으고 있는 아이돌그룹이다.

MR.Aは、最近写真集を出して話題を集めているアイドルグループた。

예문 그 여배우는 패션 매거진 '코리아 NOW' 4월호의 화보 인터뷰를 통해 아름다운 피부와 우아한 모습을 선보였다.

その女優は、ファッションマガジン「コリアNOW」4月号の写真インタビューで、美しい肌と優雅な姿を披露した。

후렴
【後斂】

繰り返し

해설 cf) 1,2절 =1, 2番（ばん）/ 클라이맥스=サビ

예문 인기곡의 후렴구는 사람들이 쉽게 부를 수 있는 멜로디로 구성되어 있다.

人気曲の繰り返しの部分は、人々が簡単に歌うことができるメロディーで構成されている。

4

Chapter

패션 · 미용 · 건강

ファッション・美容(びよう)・健康(けんこう)

4-1 패션 _ファッション

가로줄 무늬

ボーダー, 横縞(よこじま)

예문 가로줄 무늬 옷을 입으면 뚱뚱해 보인다.

ボーターの服(ふく)を着(き)たら、太(ふと)って見(み)える。

예문 옛날 영화의 죄수복은 흑백의 가로줄무늬였다.

昔(むかし)の映画(えいが)の囚人服(しゅうじんふく)は、白黒(しろくろ)の横縞(よこじま)だった。

구두, 신발

靴(くつ)

해설 일본에서는'靴(くつ)'라고 하면 '運動靴(うんどうぐつ) : 운동화' 'サンダル : 샌들' 등 범위가 넓다. 또 한국에서는 구두의 사이즈를 mm로 나타내는데 일본에서는 구두 사이즈를 cm로 나타낸다. ※(한)235mm (일)23.5cm

예문 평소 구두 사이즈는 235mm가 딱 맞아요.

普段(ふだん)、靴(くつ)のサイズは23.5cmがぴったり合(あ)います。

예문 290mm 이상되는 사이즈가 있는 사이트는 찾기가 힘들다.

29cm以上(いじょう)のサイズの靴(くつ)があるサイトを見(み)つけるのは難(むずか)しい。

예문 좋은 구두는 오래 신어도 발이 아프지 않다.

いい革靴(かわぐつ)は長時間(ちょうじかん)はいても足(あし)が痛(いた)くならない。

구제【舊製】

古着(ふるぎ), 中古(ちゅうこ)

예문 명동의 구제샵에서 이 청자켓을 샀는데, 단추가 떨어져서 환불하고 싶습니다.

明洞(ミョンドン)の古着屋(ふるぎや)でこのGジャンを買(か)ったんですが、ボタンがとれたので返品(へんぴん)したいです。

예문 구제 제품을 좋아하는 현미 씨는 주로 빈티지샵에 가서 쇼핑을 합니다.

古着(ふるぎ)が好(す)きなヒョンミさんは、主(おも)にビンテージショップに行(い)って買(か)い物(もの)をします。

남대문이 열리다
【男大門-】

社会(しゃかい)の窓(まど)が開(あ)いている

예문 수업 중에 선생님의 남대문이 열려있어서 민망했다.

授業中(じゅぎょうちゅう)に先生(せんせい)の社会(しゃかい)の窓(まど)が開(あ)いていて、こっちが恥(は)ずかしかった。

예문 남대문이 열린 줄도 모르고 여기저기 돌아다녔다.

社会(しゃかい)の窓(まど)が開(あ)いているのも知(し)らずにあちこと歩(ある)き回(まわ)った。

내복
【内服】

❶ ばばシャツ〔俗〕

예문 여학생A : 갑자기 날씨가 추워져서 내복을 하나 사고 싶어.

여학생B : 요즈음 내복은 얇지만 따뜻하고 정전기도 안 나서 너무 좋아.

女子学生(じょしがくせい)A：急(きゅう)に寒(さむ)くなってきたから、ばばシャツ買(か)いに行きたいな。

女子学生B：最近(さいきん)のばばシャツは、薄(うす)いけど暖(あった)かくて静電気(せいでんき)も起(お)きないしすごくいいよ。

❷ 肌着

예문 백화점에서 비싼 돈 주고 빨간 티셔츠를 샀는데 세탁을 잘못해서 할머니 내복처럼 되어 버렸어요.

デパートで高い値段の真っ赤なTシャツを買ったんですが、洗濯に失敗して、おばあさんの肌着のようになってしまいました。

망사 타이츠
【網紗tights】

網タイツ

예문 망사 타이츠를 입으면 섹시하긴 하지만, 조금 경박해 보입니다.

網タイツをはいたらセクシーだけど、少し軽く見えます。

예문 망사 타이츠를 입은 그녀가 지금 무대로 올라가고 있습니다. 아마도 춤을 출 건가봐요.

網タイツをはいた彼女が、今ステージに上がっています。たぶん踊るんでしょうね。

명품
【名品】

ブランド【brand】

예문 남자A : 요즘 대학생들은 왜 책가방을 안 들고 다닐까?

남자B : 그러게 말이야, 왜 굳이 명품가방에 책을 넣어서 다니는 거지?

男性A : 最近の大学生はなんで学生らしいカバンを持っていないんだろう?

男性B : そうなんだよ、なんでブランドバッグに本を入れて通うんだろうな?

예문 요즘 젊은이들은 명품을 너무 좋아한다.
最近(さいきん)の若者(わかもの)はブランドが大好(だいす)きだ。

명함함
【名銜函】

名刺入れ(めいしい)

예문 그의 명함함의 디자인은 단조로웠다.
彼(かれ)の名刺入れ(めいしい)のデザインはシンプルだ。

예문 오늘 새 명함과 명함케이스를 주문했다.
今日(きょう)、新(あたら)しい名刺(めいし)と名刺入れ(めいしい)を注文(ちゅうもん)した。

목티/터틀넥

タートルネック【turtleneck】, **ハイネック**【high-necked】(×とっくり)

예문 목도리를 할 수 없을 때에는 목티가 제격이다.
マフラーを巻(ま)くことができないときには、ハイネックがいい。

예문 목 부분이 축 늘어지는 터틀넥도 인기 있다.
首周(くびまわ)りがゆったりしたタートルネックも人気(にんき)がある。

무릎길이

膝丈(ひざたけ)

예문 그 치마는 무릎길이까지 온다.
そのスカートの丈(たけ)は膝丈(ひざたけ)くらいだ。

예문 교복치마는 대부분이 무릎길이다.
制服(せいふく)のスカートはほとんど膝丈(ひざたけ)の長(なが)さだ。

민소매

ノースリーブ【no + sleeve】 △ (×袖無し)

예문 팔뚝에 자신 없으면 민소매는 사절이다.

腕に自信がなければ、ノースリーブはやめたほうがいい。

예문 민소매를 입으려면 제모를 해야 해.

ノースリーブを着たいなら、ムダ毛処理をしないとね。

바지

ズボン, パンツ【pants】

해설 젊은이는 'パンツ'라고 하고, 나이를 먹음에 따라서 'ズボン'이라고 부르는 경향이 있다. 젊은이가 'パンツ'라고 발음할 때는 어미를 올린다.

예문 그 바지는 입을 때마다 늘어나는 것 같다.

そのズボンは、はく度に伸びる気がする。

예문 언니가 입던 바지를 빌려 입었다.

お姉ちゃんがはいていたズボンを借りてはいた。

반짝이

ラメ【lame】

예문 반짝이 카디건

ラメ入りのカーディガン

예문 새로 구입한 매니큐어에 반짝이가 들어있었다.

新しく買ったマニキュアに、ラメが入っていた。

발 토시	**レッグウォーマー**【leg warmer】
	예문 겨울에는 발 토시 하나만 있으면 정말 따뜻하게 보낼 수 있어요. 冬(ふゆ)は、レッグウォーマーひとつあれば、本当(ほんとう)に暖(あたた)かく過(す)ごせます。
	예문 어그부츠는 발을 따뜻하게 감싸주지만 신발에서 냄새가 날 수 있기 때문에, 발 토시를 주로 착용합니다. ムートンブーツは足(あし)を暖(あたた)かく覆(おお)ってくれますが、においがすることもあるので、レッグウォーマーをよくはきます。
배낭 【背嚢】	**リュック，リュックサック**【rucksack】△
	해설 요즈음에는 '背嚢(はいのう)'라고는 하지 않는다.
	예문 등산 갈 때 배낭에 비상식량 넣는 것 잊지 마세요. 登山(とざん)する時(とき)、リュックサックに非常食(ひじょうしょく)を入(い)れるのを忘(わす)れないでください。
	예문 A: 여행 가는데 가방은 캐리어를 들고 갈지 배낭가방을 들고 갈지 고민이에요. B: 배낭을 메고 가시는 게 이동할 때 편해요. A: 旅行(りょこう)をするのに、カバンはキャリーバッグを持(も)って行(い)くか、リュックを持(も)って行くか、迷(まよ)っているんです。 B: リュックを担(かつ)ぐ方(ほう)が、移動(いどう)の時楽(ときらく)ですよ。

사각팬티
【四角 panties】

トランクス【trunks】

예문 어릴 때는 삼각팬티를 입었지만 어른이 되어서는 사각팬티만 입는다.

子どものころはブリーフをはいていたけど、大きくなってからはトランクスしかはかない。

예문 트렁크가 반바지보다 편하다.

トランクスが短パンより楽だ。

삼각팬티
【三角 panties】

ブリーフ【briefs】

예문 삼각팬티는 활동하기 편하다.

ブリーフは動きやすい。

예문 삼각팬티를 입다가 불편해서 사각팬티로 갈아 입었다.

ブリーフをはいたが、はき心地が悪くて、トランクスにはき替えた。

생리팬티
【生理 panties】

サニタリーショーツ【sanitary-shorts】

예문 생리팬티는 여성들이 생리할 때 입는 팬티입니다. 보통 팬티와는 다르게 안쪽에는 천이 하나 더 대어져 있습니다.

サニタリーショーツは、生理の時、はくショーツです。普通のショーツとは違って、内側には布がさらに一枚当てられています。

예문 이것은 잘 때 뒤척여도 생리가 샐 걱정이 없는 오버나이트용 위생팬티에요.

これは寝ている時、寝返りをしても、漏れる心配のない、夜用のサニタリーショーツです。

스니커즈
【sneakers】

スニーカー

예문 이 가게에서 파는 스니커즈가 제일 예쁘다고 생각한다.

この店で売っているスニーカーが一番かわいいと思う。

예문 스니커즈의 역사는 100년이 넘었다.

スニーカーの歴史は100年を超えた。

실핀
【-pin】

ヘアピン【hairpin】

예문 신부들의 화려한 머리를 위해서는 수십 개의 실핀이 필요하다.

新婦の華やかな髪型のためには、何十本ものヘアピンが必要だ。

예문 실핀은 사도 사도 계속 없어져.

ヘアピンは買っても買ってもいつもなくなる。

양복
【洋服】

(男性の)スーツ, 背広△

해설 일본에서 '洋服(ようふく)'는 일반적인 옷을 의미한다.

예문 입사시험을 보는 아들을 위해 어머니는 새 양복을 준비했다.

入社試験を受ける息子のために、母は新しいスーツを新調した。

예문 예전엔 한복보다 양복이 비쌌다.

昔は韓服よりスーツのほうが高かった。

이미지 변신
【image 變身】

イメージチェンジ【image change】△, **イメチェン**〔俗〕

예문 새롭게 시작하기 위해 이미지변신을 했다.

新(あたら)しくスタートするためにイメチェンをした。

예문 요즘 일반인들의 이미지 변신을 도와주는 TV 프로그램이 인기가 많습니다.

最近(さいきん)一般人(いっぱんじん)のイメチェンをしてくれるテレビ番組(ばんぐみ)が、人気(にんき)があります。

이어링
【earring】

イヤリング【earring】, (**女性用**(じょせいよう)**の**) **ピアス**【pierced earrings】

해설 한국에서는 '이어링'이라고 하면, 귀에 구멍이 뚫려 있는지 여부는 상관이 없지만, 일본에서 'イヤリング'라고 하면, 귀에 구멍이 필요 없는 귀고리를 의미한다.

예문 파티에 가기 때문에 고급스러운 이어링이 필요해요.

パーティーに行(い)くのでちょっといいイヤリングが必要(ひつよう)です。

예문 백금으로 된 이어링을 팔려고 금은방에 갔는데, 살 땐 비쌌는데 팔 땐 값어치가 떨어졌습니다.

プラチナのピアスを売(う)ろうと宝石店(ほうせきてん)に行(い)ったんですが、買(か)う時(とき)は高(たか)かったのに、売(う)る時(とき)は値打(ねう)ちが下(さ)がりました。

입어보다

試着(しちゃく)**する**, **着**(き)**てみる**

예문 사기 전에 입어보았다.

買(か)う前(まえ)に試着(しちゃく)した。

예문 이 옷 입어봐도 됩니까?

この服(ふく)、試着(しちゃく)してもいいですか？

짝퉁

(ブランド品(ひん)などの)偽物(にせもの), コピー製品(せいひん), ばったもん

해설 '이미테이션', '가짜' 등을 가리키는 말이다.

예문 짝퉁 명품 가방

偽(にせ)ブランドバック/ブランドのコピー

예문 부산항을 통해 짝퉁 제품 밀수 반입을 시도하던 도중, 세관의 단속에 걸렸다고 한다.

釜山港(プサンこう)を通(つう)じて、コピー製品(せいひん)の密輸(みつゆ)搬入(はんにゅう)をしようとしていたところ、税関(ぜいかん)の取(と)り締(し)まりにひっかかったという。

예문 여자A : 명품은 너무 비싼 것 같아. 짝퉁으로 살까?
여자B : 그러지 말고 저축하는 건 어때?

女性(じょせい)A : ブランドはとても高(たか)そう。ばったもん買(か)っちゃおうかな?
女性B : そんなことしないで貯金(ちょきん)したらどう?

청바지
【靑-】

デニム【denim】のパンツ, ジーンズ【jeans】, ジーパン【jeans + pants】 △

예문 청바지는 광부들의 작업복에서 유래되었다.

ジーンズは、鉱夫(こうふ)らの作業着(さぎょうぎ)が由来(ゆらい)となった。

예문 청바지는 남녀노소 누구에게나 사랑받는다.

デニムのパンツは老若男女(ろうにゃくなんにょ)みんなに愛(あい)されている。

패션 미용 건강

커플 링
【couple ring】

ペアリング【pair ring】

예문 백일 기념으로 커플링을 맞추었다.

100日記念にペアリングを買った。

예문 A : 커플링을 어느 손가락에 껴야 할지 모르겠어요.
B : 보통 약지손가락에 끼죠.

A: ペアリングをどの指にはめなきゃいけないのかわかりません。

B: 普通、薬指にしますよね?

커플 티
【couple T】▲

ペアルック【pair look】 △

해설 커플티는 최근 일본에서는 거의 보기가 힘들어서 ペアルック라는 말도 잘 안 쓴다.

예문 남자들은 커플티를 별로 좋아하지 않는다.

男性はペアルックをあまり好まない。

예문 어느 노부부가 커플티를 입고 손을 잡고 걷는 모습을 보니, 왠지 멋져 보였다.

ある老夫婦がペアルックを着て手をつないで歩く姿を見て、なんだかすてきに見えた。

(안경) 테

フレーム【frame】, ふち

예문 무테안경은 망가지기 쉽다.

フレームがないメガネ(ふちなしメガネ)は壊れやすい。

예문 뿔테안경은 튼튼하지만 너무 무겁다.

黒(くろ)ぶちメガネは丈夫(じょうぶ)だけど、とても重(おも)い。

트레이닝복 【training服】▲

ジャージ【jersey】△, **スウェット**【sweat】

예문 트레이닝복을 제공하는 헬스장도 있다.

ジャージを貸(か)してくれるジムもある。

예문 집에 있을 때에는 항상 추리닝을 입는다.

家(いえ)にいるときには、いつもスウェットを着(き)ている。

팔찌

ブレスレット【bracelet】

예문 비즈로 팔찌를 만들었다.

ビーズでブレスレットを作(つく)った。

예문 선물로 귀금속 팔찌를 받았다.

プレゼントに貴金属(ききんぞく)のブレスレットをもらった。

팬티 【panties】

パンツ【pants】, **ショーツ**【shorts】

주의 일본어로 'パンティー'라고 하면 여성용 속옷을 가리키는 말이며, 남성용 속옷에 대해는 사용하지 않는다. 또 요즘은 'パンティー'보다 'ショーツ'【shorts】를 많이 쓴다.

예문 팬티를 다 빨아서 마른 팬티가 없다.

パンツを全部(ぜんぶ)洗(あら)ったので、乾(かわ)いたパンツがない。

예문 여동생은 여행지에서 팬티 한 장을 잃어버렸다.

妹(いもうと)は旅行先(りょこうさき)でショーツを一枚(いちまい)なくした。

피어스
【pierce】▲

ピアス【pierced earrings】△

해설 한국어로 '피어스'라고 하면 귀, 코, 혀, 배꼽 등에 끼우는 거친 것이라는 이미지가 강하다. 하지만 일본에서는 이것뿐만 아니라 여성용 귀걸이도 'ピアス'라고 한다.

예문 내 친구는 연골에 피어스를 뚫었다.
私(わたし)の友達(ともだち)は軟骨(なんこつ)にピアスをあけた。

예문 혀에 하는 피어스는 징그러워 보였다.
舌(した)にするピアスは気持(きも)ち悪(わる)かった。

한복
【韓服】

韓国(かんこく)の伝統衣装(でんとういしょう), 韓服(かんふく), チマチョゴリ

해설 チマチョゴリ는 한국어의 '치마+저고리'를 일본식으로 읽는 말이다.(여성 한복만 가리킨다.)

예문 한복의 종류 중에는 일상에서 입는 개량한복도 있다.
韓服(かんふく)の種類(しゅるい)には、日常生活(にちじょうせいかつ)で着(き)る、「改良韓服(かいりょうかんふく)」もある。

예문 요즘에는 설날이나 추석에도 한복을 입는 사람들이 별로 없다.
最近(さいきん)は、正月(しょうがつ)や韓国(かんこく)のお盆(ぼん)にも、伝統衣装(でんとういしょう)を着(き)る人(ひと)があまりいない。

예문 이 가게에서는 고급 원단으로 만들어진 여자 한복을 대여해서 입을 수 있다.
この店(みせ)では、高級(こうきゅう)な生地(きじ)で作(つく)られたチマチョゴリをレンタルできる。

호주머니

ポケット【pocket】

예문 깜빡하고 호주머니에 휴지를 넣고 세탁해버렸다.

うっかりしてポケットにティッシュを入(い)れたまま洗濯(せんたく)してしまった。

예문 마침 호주머니에 1000원짜리가 딱 있었다.

ちょうどポケットに1000ウォンがあった。

후드티
【hood T】

パーカー【parka】, フード【hood】付(つ)きの服(ふく)

예문 블랙진에 후드티를 입는다면 후드티는 어떤 색깔이 좋을까요?

ブラックジーンズにフード付(つ)きの服(ふく)を着(き)るなら、服(ふく)はどんな色(いろ)がいいでしょうか?

예문 후드를 뗄 수 있는 후드티도 있다.

フードを取(と)り外(はず)しできるパーカーもある。

4-2 미용_美容

기름종이

あぶらとり紙

예문 나는 얼굴에 기름이 정말 많아서 외출할 때엔 항상 기름종이를 들고 다녀.

私は顔の皮脂が本当に多くて、外出する時には、常にあぶらとり紙を持ち歩いてるの。

예문 요즘에는 종이타입의 피지제거지 이외에도, 가루로 된 피지제거제품도 다양하게 나오고 있습니다.

最近は紙タイプのあぶらとり紙以外にも、粉タイプの商品もいろいろと出てきています。

눈화장
【-化粧】

アイメイク【eye make】△

예문 무용수들은 눈에 띄기 위해 눈화장을 짙게 한다.

舞踊家たちは目が目立つように、濃いアイメイクをする。

예문 눈화장의 생명은 아이라인이다.

アイメイクの命はアイラインだ。

다크서클
【dark circles】

目のくま

예문 어제 벼락치기를 해서, 아침에 일어났더니 다크서클이 생겼다.

昨日一夜漬けしたので、朝起きたら、くまができてた。

예문 요 며칠 동안 밤샘 잔업해서, 다크서클이 심하다.

ここ何日間、徹夜で残業したので、くまがひどい。

단발머리
【短髮-】

ボブ【bob】, おかっぱ

예문 80년대 여고생들의 두발규칙은 단발머리였다.

80年代の女子高生の頭髪規則はおかっぱだった。

예문 실연 후 그녀는 긴 머리를 단발머리로 바꾸었다.

失恋の後、彼女は長い髪をボブに変えた。

드라이하다
【dry-】

❶ ドライヤーで髪を乾かす

예문 A : 너 오늘 머리 왜 이렇게 엉망이야?

B : 머리 감고 드라이를 못했어.

A : あんた、今日髪なんでそんなにめちゃくちゃなの?

B : 髪洗って乾かせなかったんだ…。

❷ 髪をセットする

예문 미용실에서 머리 드라이하고 갈게.

美容室で髪をセットしてから行くから。

똥머리

おだんご(ヘア)

예문 요즘 젊은이들은 머리를 말아 올린 똥머리를 좋아한다.

最近(さいきん)の若(わか)い人(ひと)は、髪(かみ)を巻(ま)き上(あ)げるおだんごヘアを好(この)む。

예문 우리 언니는 집에서 항상 똥머리를 한다.

うちのお姉(ねえ)ちゃんは、うちではいつもおだんごにしている。

로션 【lotion】

乳液(にゅうえき), ミルクローション【milk lotion】

예문 그는 로션도 안바르는데 피부가 좋다.

彼(かれ)は乳液(にゅうえき)も塗(ぬ)らないのに肌(はだ)がきれいだ。

예문 겨울에는 얼굴이 터서 항상 로션을 바른다.

冬(ふゆ)は顔(かお)の肌(はだ)が荒(あ)れるので、いつもミルクローションを塗(ぬ)っている。

립밤 【lip balm】

リップクリーム【lip cream】**, リップバーム**

예문 손가락으로 발라야 하는 립밤은 불편하다.

指(ゆび)で塗(ぬ)らなきゃならないリップクリームは、めんどうだ。

예문 립밤을 바르면 입술이 덜 건조해진다.

リップを塗(ぬ)ると唇(くちびる)があまり乾燥(かんそう)しなくなる。

머리를 자르다

髪(かみ)を切(き)る

해설 '頭(あたま)を切(き)る'라고 하면 안 된다.

예문 반년 동안 머리를 길렀는데, 어제 오랜만에 짧게 잘랐다.

半年(はんとし)の間(あいだ)、髪(かみ)を伸(の)ばしてたけど、昨日(きのう)久(ひさ)しぶりに短(みじか)く切(き)った。

예문 머리를 자를까 말까 고민한 끝에, 결국 자르기로 했다.

髪(かみ)を切(き)るかどうか悩(なや)んだあげく、結局(けっきょく)切(き)ることにした。

생머리
【生-】

パーマをかけていない髪(かみ)

예문 이이다 씨의 이상형은 생머리에 피부가 흰 여자라고 합니다.

飯田(いいだ)さんの理想(りそう)のタイプは、ストレートの髪(かみ)に肌(はだ)が白(しろ)い女性(じょせい)だそうです。

예문 요즘 검은 생머리를 한 여성이 인기가 있다

最近(さいきん)、ストレートで黒髪(くろかみ)の女性(じょせい)が人気(にんき)がある。

생얼/민낯
【生-】

すっぴん, ノーメイク【no make】△

예문 그 연예인은 피부가 좋은 생얼미인이다.

あの芸能人(げいのうじん)は、肌(はだ)がきれいなすっぴん美人(びじん)だ。

예문 평소에 화장이 짙은 사람은 생얼을 보면 마치 다른 사람 같이 보인다.

普段(ふだん)メイクが濃(こ)い人(ひと)は、ノーメイクだとまるで別人(べつじん)のように見(み)える。

선크림
【sun cream】

日焼(ひや)け止(ど)め

예문 요즘 같은 날씨에 선크림은 필수품이다.

最近(さいきん)の天気(てんき)に、日焼(ひや)け止(ど)めは必需品(ひつじゅひん)だ。

예문 햇볕에 타고 싶지 않으면 선크림을 발라.

日焼けしたくなければ、日焼け止め塗ったら？

속 쌍꺼풀

奥二重

예문 나는 속쌍꺼풀이 있는 사람이 좋다.

私は奥二重の人がいい。

예문 속쌍꺼풀은 수술해서 없앨 수 있나요?

奥二重は手術してなくすことができますか?

스킨(로션) 【skin (lotion)】

化粧水, ローション【lotion】

해설 일본에서 'スキン'이라고 하면, 보통 '콘돔'을 뜻하므로 사용에 주의해야 한다.

예문 화장품은 우선 스킨을 바르고 에센스, 로션, 크림의 순서로 발라주세요.

化粧品はまず、化粧水をつけて、エッセンス、乳液、クリームという順序でつけてください。

예문 1년정도 이 수분크림을 사용해보고 반해서 같은 시리즈의 스킨로션도 같이 사용중이거든요.

1年ぐらい、保湿クリームを使って気に入ったから、同じシリーズのローションも一緒に使っているんですよ。

선탠【suntan】
태닝【tanning】

(健康的な) 日焼け

예문 이번 여름에는 하와이에 가서 서핑도 하고 선탠도 할 예정입니다.

この夏は、ハワイに行って、サーフィンしたり肌を焼いたりするつもりです。

예문 나는 태닝하는 여자들을 이해할 수 없어요. 여성의 매력은 흰 피부라고 생각합니다.

私は肌を焼く女性たちが理解できません。女性の魅力は白い肌と思います。

유기농화장품
【有機農化粧品】

オーガニック化粧品【organic-】, 自然派化粧品

예문 피부가 민감한 사람은 유기농 화장품을 사용하면 좋을 것 같다.

肌が敏感な人は、自然派化粧品を使うといいと思う。

예문 광고 : 〈프랑스 유기농 화장품 판매〉 유기농 알로에를 얼굴에 스프레이하자!

広告 : 〈フランスオーガニック化粧品販売〉オガニックアロエを顔にスプレーしよう!

클렌징
【cleansing】

メイク落とし, クレンジング

예문 클렌징을 깨끗이 해야 피부 트러블을 예방할 수 있습니다.

メイク落としをしっかりしたら、お肌のトラブルを予防できます。

예문 이 오일은 천연성분을 함유하고 있어 클렌징 효과가 뛰어납니다.

このオイルは天然成分を含んでいて、クレンジング効果に優れています。

태닝샵
【tanning shop】

日焼(ひや)けサロン, 日(ひ)サロ〔俗〕, タンニングサロン【tanning salon】

예문 압구정동의 유명한 태닝샵에 가서 연예인을 3명이나 만났습니다.

狎鴎亭洞(アックジョンドン)の有名(ゆうめい)な日焼(ひや)けサロンに行(い)ったら、芸能人(げいのうじん)に3人(にん)も会(あ)いました。

예문 올 여름에는 태닝샵에서 태닝을 할 생각이다.

今年(ことし)の夏(なつ)は、日(ひ)サロで焼(や)こうと思(おも)う。

팔자주름
【八字–】

ほうれい線(せん)

예문 팔자주름을 없애려면 어떻게 해야 할까요?

ほうれい線(せん)をなくすには、どうすればいいでしょうか?

예문 아내: 팔자주름이 너무 진해져서 수술을 받고 싶어.

남편: 하지 마! 후회할 거야.

妻(つま): ほうれい線(せん)がすごくはっきりしてきたから、手術(しゅじゅつ)したい。

夫(おっと): やめとけ! 後悔(こうかい)するぞ。

피부관리
【皮膚管理】

肌(はだ)のお手(て)入(い)れ, スキンケア【skin care】

예문 여자의 생명은 피부니깐 피부관리를 열심히 해서 동안얼굴을 유지해야지.

女性(じょせい)の命(いのち)は肌(はだ)だから、お肌(はだ)のお手(て)入(い)れを一生懸命(いっしょうけんめい)して、若(わか)さを保(たも)たなくちゃ。

예문 요즘 그녀의 얼굴은 여드름으로 엉망이 되어서 피부관리가 절실해 보입니다.

最近彼女の顔に、にきびがたくさんできてしまっていて、肌のお手入れが必要なようです。

예문 여자 : 선생님, 집에서 할 수 있는 피부관리법 좀 가르쳐 주세요.
강사 : 매일 쌓이는 노폐물을 세안하면서 배출시켜 주시는 것이 좋아요.

女性：先生、うちでできるスキンケア教えてください。
先生：毎日溜まる老廃物を、洗顔して排出させるといいですよ。

피부관리실
【皮膚管理室】

フェイシャルエステサロン【facial esthtique salon】△

예문 그는 피부과 의사였지만, 지금은 피부관리실을 운영하며 더 큰 돈을 벌고 있다.

彼は皮膚科の医師だったが、現在はフェイシャルエステサロンを経営して、かなり稼いでいる。

예문 이 화장품은 전국의 유명 피부관리실에 납품하는 제품이니, 안심하고 사용하세요.

この化粧品は、全国の有名なフェイシャルエステサロンに納品している製品なので、安心してお使いください。

화장이 잘 먹다
【化粧-】

化粧ののりがいい

예문 유나 : 소라 씨, 오늘 화장 잘 됐네요. 중요한 약속이라도 있나요?

소라 : 오늘 밤 데이트가 있어요.

ユナ：そらさん、今日化粧ののりがいいですね。大事な約束でもあるんですか?

ソラ：今日の夜、デートなんです。

예문 모공밤을 이용해서 얼굴의 모공을 메꾼 다음, 기초화장을 하면 화장이 잘 먹습니다.

毛穴対策クリームを使って、顔の毛穴を隠した後にファンデーションを塗ると、化粧ののりがよくなりますよ。

화장솜
【化粧-】

コットン【cotton】

예문 스킨을 얼굴에 바로 바르는 것보다 화장솜에 덜어서 얼굴을 닦아내면 효과가 더욱 좋습니다.

化粧水を顔にそのままつけるより、コットンにつけて顔につけたほうが、より効果が高まります。

예문 요즘 피부가 안 좋아져서, 조금 비싸긴 하지만 고가 브랜드의 크림과 화장솜을 샀어요.

最近、肌の調子が良くないので、少し高いけど、高級ブランドのクリームとコットンを買いました。

화장품
【化粧品】

化粧品，コスメ〔俗〕

예문 요즘은 중고생들도 화장품을 많이 쓴다고 한다.

最近は中高生も化粧品をたくさん使うらしい。

예문 화장품은 좋은 것을 써야 피부도 덜 상한다.

化粧品(けしょうひん)はいいのを使(つか)えば、肌(はだ)もそんなに荒(あ)れない。

예문 한국 화장품은 한꺼번에 사가는 관광객이 있을 만큼 인기가 많다.

韓国(かんこく)コスメは、まとめ買(が)いして帰(かえ)る観光客(かんこうきゃく)がいるほど人気(にんき)が高(たか)い。

패션 미용 건강

4-3 건강 _健康(けんこう)

건강기능식품
【健康機能食品】

サプリ, サプリメント【supplement】

예문 요즘 체력이 예전 같지가 않아서 건강기능식품을 복용하려는데 어떤 제품으로 선택할지 고민입니다.

最近(さいきん)体力(たいりょく)が昔(むかし)ほどないので、サプリメントを飲(の)んでみようかと思(おも)ってるんですが、どのような製品(せいひん)を選(えら)べばいいのか悩(なや)んでます。

예문 몸에 좋은 건강기능 식품도 너무 오래 복용하면 간에 무리가 올 수 있다고 들었는데 정말 괜찮을까요?

体(からだ)にいいサプリもずっと飲(の)み続(つづ)けると肝臓(かんぞう)を悪(わる)くするって聞(き)いたけど、本当(ほんとう)に大丈夫(だいじょうぶ)なんですか？

건강하다
【健康-】

元気(げんき)だ, 健康(けんこう)だ

해설 인사로 말할 경우는 '元気(げんき)ですか？'를 사용하고, '健康(けんこう)ですか？'는 몸 상태에 대해 구체적으로 질문하고 싶을 때 사용한다.

예문 〈아는 사람과 헤어질 때〉건강하세요.

お体気(からだき)をつけて/お元気(げんき)で。

예문 〈아는 사람을 오랜만에 만났을 때〉건강하시죠?

お元気(げんき)でしたか？

꿀벅지	**健康美あふれる太もも**
	해설 속어로 'むっちり美脚(びきゃく)' 라고도 한다. cf)美脚(びきゃく)=아름다운 다리
	예문 요즘은 대다수 걸그룹들이 핫팬츠를 입고 꿀벅지로 팬들의 시선을 끌고 있다. 最近、多くのガールグループがホットパンツをはいて、健康美あふれる美脚を披露し、ファンたちの視線を集めている。
	예문 다리는 무조건 가늘기보다 요즘엔 꿀벅지가 대세죠. 足はただ細いだけより、最近は健康美にあふれる美脚が人気ですよね。
닭살	**鳥肌**
	예문 A : 그 아이는 정말 다섯 살이야? 노래 정말 잘한다. B : 맞아, 맞아. 나도 저 애 노래 듣고 나서 닭살이 돋았어. A：あの子本当に五歳なの? 歌ほんとうまいなあ。 B：そうそう。わたしもあの子の歌聞いて、鳥肌立ったよ。
	해설 닭살 커플 = バカップル. 周(まわ)りがひくようなラブラブのカップル
	예문 대중 앞에서 그는 큰소리로 '너를 사랑해'라고 그녀에게 말하고 키스해서 닭살커플의 면모를 맘껏 뽐냈다. みんなの前で、彼は大声で「おまえを愛してる」

と彼女(かのじょ)に言(い)って、キスし、バカップルっぷりを見(み)せ付(つ)けた。

참고 cf) 소름이 끼치다 = 鳥肌(とりはだ)が立(た)つ

예문 어제 TV에서 다큐멘터리를 봤는데 너무 감동해서 소름이 끼쳤다.

昨日(きのう)テレビでドキュメンタリー見(み)たんだけど、ほんとに感動(かんどう)して鳥肌(とりはだ)が立(立)った。

디스크
【disk】

椎間板(ついかんばん)ヘルニア 【herniated disc】

예문 허리디스크와 단순한 허리통증의 차이가 뭐예요?

椎間板(ついかんばん)ヘルニアとただの腰痛(ようつう)の違(ちが)いは何(なん)ですか。

예문 대학생 때 디스크가 생겼습니다. 당시에는 일어날 수도 없어, 결국 수술을 하게 되었습니다.

大学生(だいがくせい)の頃(ころ)に椎間板(ついかんばん)ヘルニアになりました。当時(とうじ)は起(お)き上(あ)がることもできず、結局手術(けっきょくしゅじゅつ)をすることになりました。

똥침
【-針】

かんちょう 【浣腸】

참고 똥침을 놓다 　　浣腸(かんちょう)をする

예문 남자 애한테 똥침을 당했는데, 꼭 복수할 거야! 아~진짜 열 받아!!

男(おとこ)の子(こ)にカンチョーされたんだけど、絶対仕返(ぜったいしかえ)ししてやる！あ～マジでむかつく！！

류머티즘
【rheumatism】

リウマチ, リューマチ

예문 류머티즘에는 온천욕을 하는 것이 효과적이라고 한다.

リウマチには温泉に入るのが、効果的だと言われている。

예문 류마티즘이라고 하면, 많은 사람들이 '노인의 병'이라는 이미지를 갖고 있지만, 실제 발병이 많은 것은 3, 40대의 장년기의 사람들입니다.

リューマチというと、多くの人は「お年寄りの病気」というイメージを持っているようですが、実は、発症が多いのは30代、40代の働き盛りの人たちなんです。

링거(링겔)
【Ringer】

点滴

예문 어제 갑자기 급성식중독에 걸려서, 링겔을 맞았다.

昨日突然、急性食中毒になり、点滴を打った。

예문 링겔을 꽂았던 혈관 윗부분이 빨갛게 부어 오르고 아프네요.

点滴を打った血管の上のところが、赤く腫れて痛い。

몸매

体つき, スタイル

예문 그녀는 모델처럼 몸매가 좋다.

彼女はモデルのようにスタイルがいい。

예문 남성들은 자기도 모르게 몸매가 좋은 여성에게 눈이 간다.

男性は、ついついスタイルのいい女性に目が行く。

몸살

体の調子が悪くて寒気がする

예문 오늘은 몸살이 나서 학교를 쉬겠습니다.

今日は体調が悪いので、学校を休みます。

예문 시험기간에 무리한 탓에 결국 몸살이 났다.

試験期間に無理したせいで、結局寒気がして体の調子が悪くなった。

몸짱

❶ スタイルがいい人, ナイスバディ【nice body】△

예문 그녀는 몸짱이라서 스키니 진이 너무 잘 어울린다.

彼女はスタイルがいいので、スキニージーンズがとてもよく似合う。

예문 가수 A가 몸짱 아내 공개, 20대 못지 않은 늘씬한 각선미 • 완벽한 S라인 '깜짝'

歌手Aがナイスバディの妻を披露、20代に劣らないスマートな脚線美·完璧な体のラインに「びっくり」。

❷ マッチョ【macho】△, 筋肉ムキムキ［俗］

해설 'マッチョ' '筋肉(きんにく)ムキムキ'는 일본어로는 특히 근육질인 사람에 한하여 사용한다.

예문 여자 친구 앞에서 몸짱만들기에 성공한 저의 복근과 몸을 보여주고 싶습니다.

彼女の前で、マッチョな体作りに成功した僕の腹筋と体を見せたいです。

복부비만
【腹部肥満】

メタボ【metabolic syndrome】, **メタボリック症候群**

예문 맥주를 너무 많이 마셔서 복부비만이라, 옷 사이즈가 맞지 않는다.
ビールの飲みすぎで、メタボになってしまったので、服のサイズが合わなくなった。

예문 40대가 되고 나서 복부비만이 심해져서 헬스클럽에 다니고 있습니다.
40代になってからメタボがひどくて、スポーツジムに通っています。

V라인
【V line】

逆三角形の顔

예문 딸 : V라인을 만드는 방법이 뭐 없을까?
엄마 : 말린 오징어를 먹으면 어때?
娘：逆三角形の顔になる方法は何かないかな?
母：スルメを食べたらどう？

예문 사진 찍을 때 V라인으로 보이기 위해서는 요령이 필요하다.
写真を撮る時に、顔を逆三角形に見せるためにはコツがいる。

새집증후군
【-症候群】

シックハウス【sick house】**症候群**

예문 새로 지은 건물이나 집에서 입주자들이 느끼는 건강상의 문제 및 불쾌감을 새집증후군이라 한다.
新しく建てた建物や家で、入居者が感じる健康上の問題、および不快感をシックハウス症候群という。

예문 새집증후군을 없애는 방법이 있나요?

シックハウス症候群(しょうこうぐん)をなくす方法(ほうほう)がありますか?

속도위반
【速度違反】

❶ 婚前交渉(こんぜんこうしょう)をして子(こ)どもができること

해설 결혼 전에 임신해서 결혼에 이르렀을 경우 'できちゃった結婚(けっこん) : 속도위반 결혼'이라고 말하고, 좋게 말하면 'おめでた婚(こん)'라고 말한다.

예문 여자 : 아야는 결혼한 지 2개월 만에 아이를 낳았대.

남자 : 속도위반으로 결혼했구나.

女性(じょせい) : あやは結婚(けっこん)して2ヶ月(かげつ)で子(こ)どもを産(う)んだんだって。

男性(だんせい) : できちゃった結婚(けっこん)だったんだ。

❷ スピード違反(いはん)

예문 어제 80킬로 구간에서 100킬로로 달려서 속도위반카메라에 찍힌 듯하다.

昨日(きのう)80キロ区間(くかん)で、100キロ出(だ)してしまって、スピード違反(いはん)のカメラに写真(しゃしん)を撮(と)られたようだ。

신종플루
【新種 flu】

新型(しんがた)インフルエンザ

예문 가족이 신종플루에 걸렸다면, 주변 사람들은 감염에 주의해야 한다.

家族(かぞく)が新型(しんがた)インフルエンザにかかったら、周囲(しゅうい)の人々(ひとびと)は感染(かんせん)に注意(ちゅうい)しなければならない。

예문 손만 잘 씻으면 신종플루가 100% 예방되나요?

手(て)さえちゃんと洗(あら)っていれば、新型(しんがた)インフルエンザが100パーセント予防できますか。

아프다

❶ 痛い

해설 일본에서는 '痛(いた)い'라고 하면 구체적으로 어딘가 아플 때 쓰고, '몸이 아프다'의 뜻으로 단독으로 사용하진 않는다.

예문 머리가 아파서 일을 못 하겠다.
頭が痛くて、仕事ができない。

❷ 体の具合が悪い, 体調〈体の調子〉が悪い

예문 친구는 몸이 아파서 결석했다.
友達は体調が悪くて欠席した。(×痛くて欠席した)

양반 다리
【両班-】

あぐら

예문 일본에서는 식사 중에 양반 다리를 하는 것은 금기다.
日本では、食事中にあぐらをかくのはタブーとされる。

예문 나는 항상 양반 다리를 하고 공부한다.
私はいつもあぐらをかきながら勉強している。

어깨 결림

肩こり, 肩のこり

예문 컴퓨터 앞에 앉아서 키보드를 치다 보니 어깨결림이 심해지네요.
コンピュータの前に座ってキーボードを打ったら、肩こりがひどくなりますね。

예문 어깨결림도 풀면서 편하게 안마받을 수 있는 안마기 좀 알려주세요.

肩のこりをほぐすマッサージ機を教えてください。

예문 회사에서 거의 컴퓨터 앞에 있어서 어깨결림이 계속 생겨요. 어깨가 거의 돌수준입니다.

会社でほとんどパソコンの前にいるので、ずっと肩がこっています。まるで肩が石のようです。

S라인 【S-line】

メリハリボディ【-body】, メリハリのある体, 美しいボディーライン

예문 S라인 몸매 만들기. メリハリボディ作り。

예문 이제 곧 여름이기 때문에, S라인이 되어서 비키니를 입을 수 있도록 꾸준하게 운동하고 있다.

もうすぐ夏だから、美しいボディーラインになってビキニが着られるように、欠かさず運動している。

엑스레이 【X-ray】

レントゲン【roentgen】 ※인명

예문 지난주 건강검진을 하러 가서 X-레이 검사와 피검사를 받고 왔다.

先 週健康診断に行って、レントゲン検査と血液検査を受けてきた。

예문 X-레이를 찍어도 정말로 인체에 영향이 없을까.

レントゲンを撮っても、本当に人体への影響はないのかな。

열사병

熱射病

【熱射病】

해설 참고로, '熱中症(ねっちゅうしょう)'는 고온, 다습 등의 원인으로 일어나는 증상을 총칭하는 말이다. '熱射病(ねっしゃびょう)'도 포함된다.

예문 아버지는 뜨거운 곳에서, 하루 종일 작업을 하시다가 열사병으로 쓰러지셨다.

父(ちち)は暑(あつ)い所(ところ)で、一日中(いちにちじゅう)作業(さぎょう)をして、熱射病(ねっしゃびょう)で倒(たお)れた。

예문 아들 : 엄마, 친구랑 야구하러 갔다 올게요. 다녀오겠습니다.
엄마 : 모자도 안 쓰고 밖에서 놀면 열사병에 걸릴지도 몰라. 모자 써.

息子(むすこ)：お母(かあ)さん、友達(ともだち)と野球(やきゅう)してくるね。いってきまーす。
母(はは)：帽子(ぼうし)もかぶらずに外(そと)で遊(あそ)んだら、熱射病(ねっしゃびょう)になるかもしれないわよ。帽子かぶりなさい。

열이 많다 【熱-】

体温(たいおん)が高(たか)い, 熱(ねつ)が高(たか)い

주의 '×熱(ねつ)が多(おお)い' 는 자주 보이는 오용이다.

예문 A : 이렇게 추운데 옷이 너무 얇지 않아?
B : 난 열이 많아서 괜찮아.

A：こんなに寒(さむ)いのに薄着(うすぎ)じゃない？
B：体温(たいおん)が高(たか)い体質(たいしつ)だから大丈夫(だいじょうぶ)だよ。

예문 감기 걸렸니? 열이 많이 나!

風邪(かぜ)引(ひ)いたの？熱(ねつ)が高(たか)いよ！

O자형 다리
【O字型-】

O脚(おーきゃく)

예문 사람의 다리 형태는, 크게 O자형과 X자형 다리로 나눌 수 있다.
人(ひと)の足(あし)の形(かたち)は、大(おお)きく分(わ)けて0脚(おーきゃく)とX脚(きゃく)に分類(ぶんるい)される。

예문 요가를 하면, O자형 다리를 고칠 수 있다는 게 정말이에요?
ヨガを始(はじ)めれば、0脚(おーきゃく)が治(なお)るって本当(ほんとう)ですか？

오바이트하다
【overeat-】▲

吐(は)く，戻(もど)す，リバースする〔俗〕**，ゲロを吐(は)く**〔俗〕

예문 아까 먹은 것을 다 오바이트했어. 아마 식재료가 상했었나봐.
さっき食(た)べたもの全部(ぜんぶ)戻(もど)しちゃった。たぶん食材(しょくざい)が腐(くさ)ってたからだと思(おも)う。

예문 빈 속에 술을 섞어 먹어서 어제는 하루 종일 오바이트했다.
空(す)きっ腹(ぱら)にお酒(さけ)ちゃんぽんしちゃって、昨日(きのう)は一日中(いちにちじゅう)ゲロ吐(は)いてた。

은니
【銀-】

銀歯(ぎんば)

해설 일본에서는 '金歯(きんば)','銀歯(ぎんば)' 모두 일반적이다.

예문 충치가 생겨서 치과에 가서 어금니를 3개나 은니로 했다.
虫歯(むしば)ができたので、歯医者(はいしゃ)に行(い)って奥歯(おくば)を3本(ぼん)も銀歯(ぎんば)にした。

예문 얼마 전에 껌을 씹고 있었는데, 은니가 뚝 떨어졌어요.
こないだガムをかんでたら銀歯(ぎんば)がぽろっと取(と)れてしまった。

진통제
【鎮痛劑】

痛み止め, 鎮痛剤

예문 아까 진통제를 먹은 덕분에, 통증이 어느 정도 누그러졌다.

さっき鎮痛剤を飲んだおかげで、痛みがいくぶん和らいだ。

예문 나는 생리통이 심해 늘 진통제를 먹었는데, 이제 별로 효과가 없게 되었다.

私は生理痛がひどくて、しょっちゅう痛み止めを飲んでいたが、もうあまり効かなくなってきた。

파스
【pasta】

湿布

예문 등에 파스 붙이는 것 좀 도와줄래?

背中に湿布貼るの、手伝ってくれない？

예문 어머니는 어깨결림이 너무 심해서, 늘 파스를 붙이고 주무신다.

うちの母は、肩こりがひどくて、いつも湿布を貼って寝ている。

평발
【平─】

偏平足

예문 난 평발이라서 오래 걷지 못해요.

私は偏平足なので長い時間歩けないんです。

예문 전 원래 평발이 아니었는데 갑자기 평발이 돼버리니 무섭더군요. 혹시 평발을 고치는 방법을 아시나요?

私は元々、偏平足ではなかったんですが、突然なってしまって怖いです。もしかして、偏平足の治し方をご存知ですか。

허리 라인 【-line】

ウエスト 【waist】

예문 목표! 이효리같은 허리 라인 만들기!!

目指(めざ)せ！イ・ヒョリのようなウエストづくり！

예문 예쁜 허리라인을 위해 매일 요가비디오를 보면서 30분씩 하고 있어요.

美(うつく)しいウエストになるために、毎日(まいにち)ヨガのビデオを見(み)ながら、30分(ぷん)ずつまねしてやっています。

헬리코박터 【Helicobacter pylori】

ピロリ菌(きん)

예문 헬리코박터는 위 점막에 서식하는 세균입니다.

ピロリ菌(きん)とは、胃(い)の粘膜(ねんまく)に住(す)みつく細菌(さいきん)です。

예문 요 몇 년 위궤양으로 고생하고 있었는데 지인이 헬리코박터균 검사를 권해줬습니다.

ここ数年(すうねん)、胃潰瘍(いかいよう)で苦(くる)しんでいたんですが、知人(ちじん)にピロリ菌(きん)の検査(けんさ)を勧(すす)められました。

헬스 【health】

(スポーツ)ジム【gym】, フィットネスクラブ【fitness club】

주의 'ヘルス'는 '건강'이란 뜻도 있지만, 'ファッションヘルス' (성적인 서비스를 제공하는 곳)의 약어로도 쓰므로 주의.

예문 지난달부터 헬스장에 등록해서 다니고 있다.

先月(せんげつ)からスポーツジムに入会(にゅうかい)して通(かよ)っている。

예문 헬스장에 처음 가봐서 런닝머신만 뛰다가 왔다.

ジムデビューしたばかりなので、ランニングマシーンだけして帰(かえ)ってきた。

5 Chapter

생활 生活(せいかつ)

5 생활 _生活

날씨	**天気** 해설 '날씨가 덥다/춥다'는 '暑(あつ)い/寒(さむ)い'라고 한다. 예문 A : 오늘은 날씨가 춥네. B : 내일은 더 춥대. A : 今日は寒いね。(×天気が寒い) B : 明日はもっと寒いんだって。 예문 요즘 기온 변화가 심해서 날씨를 종잡을 수 없다. 最近は気温の変化が激しくて、天気をあまり予測できない。
물티슈 【-tissue】	**ウェットティッシュ**【wet + tissue】 △ 예문 물 티슈 한 장만 빌려줘. ウェットティッシュ一枚だけちょうだい。 예문 물티슈로 얼굴을 닦으면 피부에 지장을 주나요? ウェットティッシュで顔を拭いたら、肌に支障があるんでしょうか?
밀폐용기 【密閉容器】	**密閉容器** 예문 상품명 'タッパー'도 많이 쓴다.

예문 밀폐용기에 담아두면 오랫동안 보관할 수 있다.

密閉容器に入れておけば長く保存できる。

예문 냄새가 많이 나는 음식도 밀폐용기에 보관하면 냄새가 덜 난다.

臭いがきつい食べ物は、タッパーに入れておけばあんまり臭いがしない。

박스테이프
【box tape】▲

ガムテープ【gum tape】△

예문 박스 테이프로 박스 겉면을 단단히 붙여서 보내면 됩니다.

ガムテープで箱の外側をしっかり貼って送ればいいです。

예문 박스를 해체할 때 박스테이프를 제거하기가 어렵다.

段ボール箱をつぶす時、テープを取り除くのが大変だ。

백일
【百日】

生後100日目の子どものお祝い

해설 일본에서는 비슷한 행사로 '宮参(みやまい)り'가 있다. '宮参り'는 생후 30일 전후에 아기를 데리고 처음으로 신사〈神社(じんじゃ)〉에 참배하는 의식이다.

예문 과거에는 유아의 사망률이 높아, 아기가 무사히 자란 것을 축하하며 성대하게 백일잔치를 벌였다고 한다.

過去には乳児の死亡率が高く、赤ん坊が無事に育ったことを祝って、盛大に生後百日のお祝いを行ったという。

생활

예문 상사 : 조금 있으면 자네 집 아기 백일이지?

부하 : 네, 성대하게 잔치를 하기도 좀 그렇고, 백일 떡이나 돌리기로 했습니다.

上司(じょうし) : しばらくしたら君(きみ)ん家(ち)のお子(こ)さん、生(う)まれて百日(ひゃくにち)なんじゃない?

部下(ぶか) : はい、盛大(せいだい)に祝(いわ)うのもどうかと思(おも)って、'百日(ひゃくにち)もち'を配(くば)ることにしました。

사료
【飼料】

❶ 〈애완동물용 사료의 경우〉**ペットフード**【pet food】, **エサ**

예문 강아지 사료를 많이 사두다.

子犬(こいぬ)のペットフードをたくさん買(か)っておく。

예문 물고기 사료를 사러 갔다.

魚(さかな)のエサを買(か)いに行(い)った。

❷ (家畜用(かちくよう))の飼料(しりょう)

해설 일본에서 '飼料(しりょう)'라고 하면, 가축용 사료를 가리킨다.

예문 아버지께서는 사료값 상승으로 축산 일을 그만둬야 할지 고민이시다.

父(ちち)は飼料(しりょう)価格(かかく)の高騰(こうとう)で、畜産業(ちくさんぎょう)をやめるべきか悩(なや)んでいる。

사물함
【私物函】

ロッカー【locker】

예문 공용 사물함에 노트북 등의 고가의 물건을 보관해서는 안 됩니다.

公用(こうよう)ロッカーに、ノートパソコンなど高価(こうか)な物(もの)を保管(ほかん)してはいけません。

예문 여학생A : 어쩌지? 사물함 열쇠를 집에 두고 온 거 같아.

여학생B : 뭐? 조금 있으면 수업이 시작하는데 어떡할 거야?

女子学生A：どうしよう。ロッカーの鍵を家に置いてきたみたい。

女子学生B：えっ? もう少ししたら、授業が始まるのにどうするの?

예문 헬스장을 등록하면서 사물함도 따로 신청했다.

スポーツジムの会員になったので、ロッカーも契約した。

생리대, 패드
【生理帶, pad】

ナプキン【napkin】, 生理用ナプキン

예문 생리대가 다 떨어졌어요.

生理用ナプキンが、全部なくなりました。

예문 초등학생 : 생리대는 어떻게 하나요?

선생님 : 하는 건 쉬워요.

小学生：生理用ナプキンはどうやって着けるんですか?

先生：着けるのは簡単ですよ。

서류분쇄기
【書類粉碎機】

シュレッダー【shredder】

예문 이 문서는 꼭 서류분쇄기로 처리해 주세요.

この文書は必ずシュレッダーで処理してください。

예문 중요한 서류는 서류분쇄기에 넣었어.

重要な書類はシュレッダーにかけた。

수건
【手巾】

タオル【towel】, 手ぬぐい

해설 '手(て)ぬぐい'는 오래된 표현이다.

예문 저기 있는 수건 좀 건네줘.

あそこあるタオルちょうだい。

예문 나는 땀이 많은 편이라 항상 수건으로 땀을 닦는다.

私は汗かきなので、いつもタオルで汗を拭く。

스테이플러
【stapler】

ホッチキス【Hotchkiss】△

예문 스테이플러 침　　ホッチキスの針

예문 A : A4용지를 반으로 접어서 그 중간을 스테이플러로 찍으려고 하는데요. 일반 스테이플러는 짧아서 중간에 안 들어가네요.
B : 큰 문구점에 가면, 다양한 스테이플러가 있어요.

A : A4用紙を半分に折って、その真ん中をホッチキスでとめたいんですが…。普通のホッチキスは短くて中に入りませんね。
B : 大きい文具店に行けば、色々なホッチキスがありますよ。

스티로폼
【styrofoam】

発泡スチロールの箱, トロ箱

예문 이 상자는 스티로폼으로 만들어져서 가볍다.

この箱は発泡スチロールでできていて軽い。

예문 스티로폼이라서 물에 뜬다.

発泡スチロールなので水に浮かぶ。

스티커
【sticker】

シール【seal】, ステッカー

예문 다이어리에 스티커 붙이는 것을 좋아한다.
ダイアリーにシールを貼(は)るのが好(す)きだ。

예문 우리 아이 방 창문에 스티커를 붙였더니 아이가 정말 좋아해요.
うちの子(こ)の部屋(へや)の窓(まど)に、ステッカーを貼(は)ったら、子(こ)どもがとても喜(よろこ)びました。

신고
【申告】

❶ <경찰 등> **届出(とどけで)**

예문 경찰에 신고하다.
警察(けいさつ)に届(とど)ける/届(とど)け出(で)る。

예문 산에 불이 난 것을 보고 119에 신고했다.
山(やま)に火(ひ)が出(で)ていたので、119番(ばん)に届(とど)けた。

피해신고	被害届(ひがいとどけ)
범죄신고	犯罪(はんざい)の届出(とどけで)
출생신고	出生届(しゅっせいとどけ)
119신고	119番通報(ばんつうほう)

❷ <세금 등> **申告(しんこく)**

예문 소득세신고　所得税申告(しょとくぜいしんこく)

신고식
【申告式】

会社(かいしゃ)や軍隊(ぐんたい)などで、新(あたら)しく人(ひと)が入(はい)った場合(ばあい)、自己(じこ)紹介(しょうかい)をする儀式(ぎしき)

생활

예문 5년 만에 가요계로 돌아온 인기 걸 그룹 A가 무사히 컴백 신고식을 치렀다.

5年ぶりに歌謡界に戻ってきた人気ガールグループAが、無事に活動再開のイベントを終えた。

예문 최근 한국 고등학교에서 신고식이라는 명목 하에 후배들을 폭행하는 사건이 빈번히 일어나고 있다고 합니다.

最近韓国の高校で、「申告式」という名目で後輩たちを暴行する事件が頻繁に起きているといいます。

십자드라이버
【十字driver】

プラスドライバー ↔ マイナスドライバー 〈일자드라이버〉

예문 이 책상은 십자드라이버만을 이용하여 누구든지 간단하게 조립할 수 있는 것이 장점입니다.

この机はプラスドライバーだけ使って、誰でも簡単に組み立てられるのが長所です。

예문 손님 : 어때요? 역시 고장인가요?

A/S직원 : 글쎄요. 안을 열어봐야 알 거 같은데. 집에 십자드라이버 있나요?

客 : どうですか？ やはり故障でしょうか?

サポート係 : そうですね。中を開けないとわからないですね。ひょっとして家にプラスドライバーありますか?

애완동물
【愛玩動物】

ペット 【pet】

예문 너무 외로워서 애완동물이라도 키우고 싶다.

とてもさみしいので、ペットでも飼(か)いたい。

예문 공원에 애완동물은 출입금지다.

公園(こうえん)にペットは立入禁止(たちいりきんし)だ。

원플러스원
【1+1】

1個買(いっこか)うと同(おな)じものがもうひとつもらえるおまけ

예문 커피가 원 플러스 원 행사 중이다.

コーヒーを買(か)ったら、もうひとつおまけがもらえるイベントをしている。

예문 CF에서 본 원 플러스 원 피자집은 아무리 찾아봐도 찾을 수 없었다.

CMで見(み)た、ただでピザをもう一枚食(いちまいた)べられるピザ屋(や)は、いくら探(さが)してみてもみつからなかった。

유기견
【遺棄犬】

捨(す)て犬(いぬ)

해설 일본에서는 내다 버린 고양이를 가리키는 단어인 '捨(す)て猫(ねこ)'도 자주 사용한다.
cf) 유기동물 捨(す)てられた動物(どうぶつ)

예문 유기견을 분양 받으려고 하는데요. 이 근처 동물병원에서 유기견 분양을 하는지 알아봐주세요.

捨(す)て犬(いぬ)の里親(さとおや)になりたいんですが、この近(ちか)くの動物病院(どうぶつびょういん)で、捨(す)て犬(いぬ)を譲(ゆず)り受(う)けることができるのか、教(おし)えてください。

예문 지난 주말에는 유기견보호시설에 가서 자원봉사를 했다.

先週(せんしゅう)の週末(しゅうまつ)は、捨(す)て犬(いぬ)の保護施設(ほごしせつ)に行(い)ってボランティアをした。

유기농
【有機農】

❶ **有機農業**

예문 전남지역은 무농약・유기농 농산물 생산면적을 확대하고 있다.

全南地域は無農薬・有機農業で作られた農産物の生産面積を拡大している。

❷ **オーガニック**【organic】

예문 유기농으로 만든 과자라서 몸에 좋다.

オーガニックのお菓子なので体にいい。

예문 유기농식품 매장이 오늘 오픈 한다.

オーガニックフードの店が今日オープンする。

유모차
【乳母車】

ベビーカー【baby + car】△（△乳母車）

예문 유모차에 아이가 타고 있다.

ベビーカーに子どもが乗っている。

예문 지인에게서 유모차를 물려받았다.

知人から、ベビーカーを譲り受けた。

유전자 변형 작물
【遺傳子變形作物】

遺伝子組み換え作物 / GMO【genetically modified organism】

예문 연구원이 식품 검사를 한 결과 유전자 변형작물(GMO)이 검출됐다.

研究員が食品の検査をした結果、遺伝子組み換えが検出された。

예문 GMO옥수수는 얼마나 안 좋은가요?

遺伝子組み換え作物のとうもろこしは、どのくらい良くないのですか?

유지보수
【維持補修】

メンテナンス【maintenance】

예문 홈페이지는 처음에 만드는 것도 중요하지만, 그만큼 꾸준히 유지보수를 잘해주는 것도 중요해요.

ホームページは最初に作るのも重要ですが、それと同じくらいしっかりメンテナンスをちゃんとすることも重要です。

예문 엘리베이터는 월1회 유지보수업체점검, 연1회 안전검사를 받아야 합니다.

エレベーターは月1回メンテナンス業者点検、年1回安全検査を受けなければなりません。

음식물쓰레기
【飮食物-】

生ごみ

예문 규칙을 지키지 않는 맨션 주민 때문에, 음식물 쓰레기 냄새가 난다.

規則を守らないアパートの住人のせいで、生ごみのにおいがする。

예문 한국에서는 전용 용기에 음식물 쓰레기를 넣어서 배출 해야 한다.

韓国では専用容器に生ゴミを入れて出さなければならない。

이면지
【裏面紙】

裏紙

예문 이면지는 버리지 마세요.

裏紙は捨てないでください。

예문 이면지를 연습장으로 쓴다.

裏紙を練習帳として使う。

일반쓰레기
【一般-】

燃えるゴミ, 可燃ゴミ

해설 일반 쓰레기와 燃(も)えるゴミ는 완전히 일치하지 않는다. 또, 한국과 일본은 쓰레기 처리 방식이 다르기 때문에 쓰레기에 관한 단어를 번역할 때 조심해야 한다. 일본은 기본적으로 쓰레기를 소각 처리하기 때문에 한국에서 일반 쓰레기로 처리되는 것을, "可燃ごみ〈燃えるごみ〉가연 쓰레기 〈타는 쓰레기〉", "不燃ごみ <燃えないごみ>불연 쓰레기 〈타지 않는 쓰레기〉로 분리하여 폐기한다. 또, 한국에서는 "음식물 쓰레기(生ごみ)"를 용기에 넣어 배출하지만, 일본에서는 가연성 쓰레기로 폐기하는 지역도 많다.

예문 쿠션은 일반 쓰레기 봉투에 넣어도 되는 건가요?

クッションは、燃えるごみのごみ袋に入れてもいいですか?

예문 재활용품과 달리 일반쓰레기는 정해진 규격봉투에 담아 버려야 한다.

リサイクル品とは違い、可燃ゴミは決まったゴミ袋に入れて捨てなければならない。

일회용
【一回用】

使い捨て

참고 일회용 종이컵 使い捨ての紙コップ

일회용 기저귀 紙おむつ

일회용 렌즈 使い捨てコンタクトレンズ

일회용 라이터 使い捨てライター

예문 환경을 위해 일회용 컵 좀 들고 다니지 말고 텀블러를 쓰세요!

環境のために、使い捨ての紙コップを使わずに、タンブラーを使ってください！

예문 일회용품 사용을 줄입시다.

使い捨て用品の使用を減らしましょう。

자취
【自炊】

一人暮らし

해설 '自炊(じすい)'는 집에서 스스로 식사를 만드는 것을 의미한다.

예문 친구들은 내가 자취한다는 것을 알고 난 뒤 매일 밤 방으로 찾아와 술 파티를 벌였다.

友達は、私が一人暮らしをしていることを知ってから、毎晩部屋にきて飲み会をした。

예문 대학가의 자취방만을 노리고 강도행각을 일삼은 범인이 잡혔습니다.

大学周辺の一人暮らしの部屋を狙い、強盗行為を日常的に行っていた犯人が捕まりました。

재생지
【再生紙】

再生紙, リサイクルペーパー【recycle paper】

예문 한 유명 스타커플이 재생지로 청첩장을 만들어서 화제가 되고 있습니다.

ある有名スターカップルがリサイクルペーパーで結婚式の招待状を作成して、話題になっています。

예문 A : 이 책 종이 질감이 특이한 걸? 왜 그런 거지?

B : 아, 그건 아마 재생지를 사용해서 그럴 거야.

A：この本、紙質変じゃない？なんでだろう。

생활

B：あ～たぶんそれ、再生紙使ってるからだよ。

재활용
【再活用】

リサイクル【recycle】

예문 아이들에게 자원 재활용의 필요성을 가르쳐야만 한다.

子どもたちに、資源のリサイクルの必要性を教えなければいけない。

예문 여자A： 와, 그 원피스 특이하고 예쁜걸? 어디서 산 거야?

여자B： 예쁘지? 우리 동네 재활용센터에서 산 거야.

女性A：わ～そのワンピース個性的でかわいいね。どこで買ったの？

女性B：かわいいでしょ？近所のリサイクルショップで買ったんだ。

전기장판
【電氣壯版】

電気カーペット

예문 겨울에는 전기장판을 깔고 잔다.

冬には電気カーペットを敷いて寝る。

예문 여자A : 전기장판 위에서 귤을 까먹는 걸 좋아해.

여자B： 난 자는 걸 좋아해.

女性A：電気カーペットの上でミカンを食べるのが好き。

女性B：私は寝るのが好き。

(건)전지

電池，乾電池

참고 D 전지　　　単一電池

C 전지　単二電池(たんにでんち)

AA 전지　単三電池(たんさんでんち)

AAA 전지　単四電池(たんよんでんち)

종이박스
【-box】

段(だん)ボール箱(ばこ), 紙箱(かみばこ)

예문 조만간 이사를 가기 때문에 종이박스를 모으고 있다.
もうすぐ引越(ひっこ)しするから、段(だん)ボール箱(ばこ)を集(あつ)めている。

예문 마트에서 장을 본 후 박스에 담아가면 되니 장바구니는 따로 필요없다.
スーパーで買(か)い物(もの)した後(あと)、段(だん)ボールに買(か)ったもの入(い)れればいいから買(か)い物袋(ものぶくろ)は特(とく)に必要(ひつよう)ない。

예문 선물들이 속속 집으로 배달되어 버리는 종이 박스들이 정말 많다.
贈(おく)り物(もの)が次(つぎ)から次(つぎ)に家(うち)に配達(はいたつ)され、捨(す)てる紙箱(かみばこ)が本当(ほんとう)に多(おお)い。

종이컵
【-cup】

紙(かみ)コップ

예문 종이컵에 물을 받아 마신다.
紙(かみ)コップに水(みず)を入(い)れて飲(の)む。

참고 1회용 종이컵
使(つか)い捨(す)ての紙(かみ)コップ

중매
【仲媒】

お見合(みあ)い cf)주례=**仲人(なこうど)**

예문 옛날에는 중매결혼이 많았지만, 요즘은 연애결혼이 많다.

昔は、お見合い結婚が多かったが、最近では恋愛結婚が多い。

예문 중매사이트에 접속해서 배우자 조건을 입력했다.

結婚相談のサイトにアクセスして、相手の条件を入力した。

쫑파티
【-party】

打ち上げ

예문 그 친구는 술이 약함에도 불구하고 쫑파티가 끝날 때까지 자리를 지켰다.

その友人は酒が弱いにもかかわらず、打ち上げが終わる時までずっといた。

예문 학생 : 선생님, 좀 있으면 이번 학기도 끝나니까 저희 반 아이들끼리 모여 쫑파티를 열 계획인데 참가하실 거죠?

남자교사 : 어휴. 너희들, 내년이면 고3이라는 자각은 있는 거니?

学生：先生、もう少ししたら今学期も終わるから、うちのクラスで集まって、打ち上げをしようと思っているんですが、参加されますよね?

男性教諭：おいおい。おまえたち、来年になったら高3だという自覚はあるのか?

청첩장
【請牒狀】

結婚式の招待状

해설 결혼 준비로 정신이 없어서 결혼식 일주일 전에 겨우 청첩장을 돌렸다.

結婚準備で忙しくて、結婚式の一週間前にやっと招待状を配った。

예문 A : 청첩장 찍는 비용도 만만하게 생각할 게 아니네.

B : 인쇄하는 게 부담스러우면 모바일 청첩장을 이용하는 건 어때?

A : 招待状を刷る費用も無視できないね。

B : 印刷するのが負担なら、「モバイル招待状」を利用するのはどう?

추석 【秋夕】

韓国のお盆, 中秋, チュソク

해설 일본에서는 'お盆(ぼん)'이라고 하면, 일반적으로 양력 8월 15일을 가리킨다(지역에 따라서는 음력으로 전통 의식을 치르는 경우도 있다). 정부가 정한 공휴일이 아니지만, 이 전후에 장기 휴가를 얻어서 고향에 돌아가거나 해외여행을 가거나 한다.

예문 이번 추석에는 꼭 고향에 갈 거야.

今度のお盆には必ず故郷に帰るつもり。

예문 선생님: 한국의 추석에 먹는 대표적인 음식으로는 어떤 것이 있을까요?

유학생: 송편이 있습니다.

先生: 韓国の秋夕に食べる代表的な料理と言えば、どんなものがあるでしょうか?

留学生: 松餅があります。

참고 참고로, '帰省(きせい)ラッシュ'는 귀성 때문에 전국적으로 길이 혼잡한 상태를 말하고, 반대로 Uターンラッシュ'는 고향에서 집으로 돌아가기 위해서 일어나는 교통혼잡을 말한다.

친환경 【親環境】

エコ【eco】, (エコロジー【ecology】), 環境に優しい

예문 화학 세제를 사용하는 대신 쌀뜨물로 만든 친환경 세제를 사용해보는 건 어떨까요?

생활

化学洗剤(かがくせんざい)を使(つか)う代(か)わりに、米(こめ)のとぎ汁(じる)で作(つく)った環境(かんきょう)に優(やさ)しい洗剤(せんざい)を使(つか)ってみるのはどうでしょうか？

예문 되도록이면 친환경마크가 붙은 환경에 좋은 제품을 이용하도록 노력하고 있습니다.

できるだけエコマークがついた地球(ちきゅう)に優(やさ)しい製品(せいひん)を利用(りよう)するよう努力(どりょく)しています。

예문 손님 : 이 감자는 다른 감자에 비해 비싸네요?

점원 : 친환경 농산물이라 가격은 비싸지만 안심하고 드실 수 있어요.

客(きゃく)：このジャガイモは他(ほか)のジャガイモに比(くら)べて高(たか)いですね?

店員(てんいん)：「エコ農産物(のうさんぶつ)」なので価格(かかく)は高(たか)いんですが、安心(あんしん)して召(め)し上(あ)がることができます。

참고 일본에서는 '無農薬農産物(むのうやくのうさんぶつ) : 무농약 농산물','オーガニックの農産物(のうさんぶつ) : 오가닉 농산물' 등 구체적으로 말한다.

퇴근 【退勤】

退社(たいしゃ), 帰宅(きたく)

해설 '퇴근하다'를 '退勤(たいきん)する' 라고 하는 경우가 많은데 이것은 잘못된 표현이다.

예문 김대리는 퇴근 시간만 되면 제일 먼저 자리에서 일어난다.

キム代理(だいり)は、退社時間(たいしゃじかん)になると、すぐ一番先(いちばんさき)に席(せき)を立(た)つ。

예문 아버지께서 퇴근길에 붕어빵을 사오셨다.

父(ちち)が会社帰(かいしゃがえ)りにたい焼(や)きを買(か)ってきてくれた。

폭염주의보 【暴炎注意報】

もうしょちゅういほう
猛暑注意報

해설 '猛暑日(もうしょび)'는 최고 기온이 35도 이상 되는 날, '真夏日(まなつび)'는 최고 기온이 30도 이상 되는 날. 일본에서는 최고 기온이 35도 이상이 예상될 경우에 발표하는 주의보는 '高温注意情報(こうおんちゅういじょうほう)〈고온 주의 정보〉'라고 한다.

예문 9월임에도 불구하고 일부 지방에서 때아닌 폭염주의보가 내려졌습니다.

9月にもかかわらず、一部地方で、時期はずれの猛暑日の注意報が出されました。

예문 폭염주의보가 이어지며 에어컨의 판매량이 급속하게 증가했다.

猛暑日の注意報が立て続けに出て、エアコンの販売量が急増した。

플래카드 【placard】

おうだんまく　たれまく
横断幕, 垂れ幕

해설 한국에서는 플래카드나 현수막을 크게 구분없이 쓰기도 하는데, 일본의 '横断幕(おうだんまく)/垂(た)れ幕(まく)'는 대회나 큰 이벤트 때 거는 것이고, 'プラカード【placard】'는 슬로건이나 광고 등을 써서 거는 판으로, 데모나 입장 행진 등에서 사용하는 것을 말한다.

예문 학생이 서울대에 합격해서 학교 출입구에 플래카드를 달았다.

学生がソウル大に合格して、学校の出入り口に、横断幕を張り付けた。

예문 설이 되면 고향방문을 환영하는 플래카드가 붙은 것을 가끔 볼 수 있다.

正月になったら、帰郷を歓迎する垂れ幕が張って

생활

あるのがたまに見(み)られる。

핫팩 【hot pack】

ホッカイロ〈※상품명〉, **使(つか)い捨(す)てカイロ**

예문 남자친구한테 군대에서 쓸 핫팩을 보내고 싶은데, 붙이는 핫팩이 좋을까요, 아니면 그냥 흔들어서 쓰는 핫팩이 좋을까요?

彼氏(かれし)に、軍隊(ぐんたい)で使(つか)う使(つか)い捨(す)てホッカイロを送(おく)りたいんですが、貼(は)るカイロがいいでしょうか？それとも普通(ふつう)のカイロがいいでしょうか？

예문 배가 아파서 핫팩으로 찜질했다.

お腹(なか)が痛(いた)くて、使(つか)い捨(す)てカイロで温(あたた)めた。

화이트 【white】

修正液(しゅうせいえき), 修正(しゅうせい)ペン, 修正(しゅうせい)テープ

예문 화이트로 틀린 글자를 지웠다.

修正(しゅうせい)ペンで間違(まちが)った字(じ)を消(け)した。

예문 아직 화이트가 덜 말랐다.

まだ修正液(しゅうせいえき)があまり乾(かわ)いていなかった。

휴대용 티슈 【携帯用tissue】

ポケットティッシュ【pocket tissue】

예문 주유소나 길거리에서 무료로 나눠주는 휴대용 티슈는 유용하다.

ガソリンスタンドや路上(ろじょう)で無料(むりょう)でくれるポケットティッシュは役(やく)に立(た)つ。

예문 일본 길거리에는 광고용으로 휴대용 티슈를 나눠주는 사람이 많이 있다.

日本(にほん)の路上(ろじょう)では、広告用(こうこくよう)にポケットティッシュを配(くば)っている人(ひと)がたくさんいる。

6 Chapter

음식 飲食(いんしょく)

음식_飲食(いんしょく)

곱빼기	**大盛(おおも)り** 해설 일본에서는 중국 음식점 외에 일반 음식점에서도 쓸 수 있다. 예문 자장면 곱빼기로 주세요. ジャージャー麺(めん)を大盛(おおも)りでください。 예문 점원 : 어떤 것을 주문하시겠습니까? 손님 : 간장라면 곱빼기 하나랑 차슈라면 보통 하나 주세요. 店員(てんいん)：何(なに)になさいますか？ 客(きゃく)：しょう油(ゆ)ラーメン大盛(おおも)りひとつと、チャシューメンの並(なみ)をひとつください。
뜨거운 물	**お湯(ゆ)** (×熱(あつ)い水(みず)) 예문 라면은 있는데 뜨거운 물이 없어. カップラーメンはあるけど、お湯(ゆ)がない。 예문 뜨거운 물에 들어가면 그날 쌓인 피로가 다 씻겨나가는 것 같다. お湯(ゆ)につかったら、その日(ひ)たまった疲(つか)れがすべて洗(あら)われるようだ。
리필 【refill】	**お代(か)わり** 해설 일본에서는 'リフィル'라고 하면 샴푸나 화장품의 보충용을 말한다.

예문 A : 물 다 마신 것 같은데 리필해줄까?

B : 고마워, 그럼 부탁할게

A : お水(みず)全部(ぜんぶ)飲(の)んだ？水(みず)のお代(か)わりいる?

B : ありがとう、それじゃお願(ねが)いしようかな。

참고 cf:무한리필=～放題(ほうだい)

예문 일본인: 한국의 패스트 푸드는 콜라나 사이다가 무한리필이네요!

한국인: 일본은 왜 리필이 안 돼요?

日本人(にほんじん): 韓国(かんこく)のファストフードはコーラとかサイダーが飲(の)み放題(ほうだい)なんですね!

韓国人(かんこくじん): 日本(にほん)はなんでお代(か)わりできないんですか?

예문 파스타를 1인당 하나씩 주문하면 피자가 무한리필이에요.

パスタを一人一(ひとりひと)つずつ注文(ちゅうもん)したら、ピザが食(た)べ放題(ほうだい)です。

맛집

おいしい店(みせ), うまい店(みせ)

예문 이 돈까스집은 맛집으로 유명하다

ここのトンカツ屋(や)さんは、おいしい店(みせ)として有名(ゆうめい)だ。

예문 여자 : 우리 오늘 점심 뭐 먹을래?

남자 : 어제 부산대 근처에 맛집 있는 거 블로그에서 봤는데 거기로 가보자.

女性(じょせい) : 今日(きょう)のお昼何食(ひるなにた)べる？

男性(だんせい) : 昨日(きのう)、プサン大(だい)の近(ちか)くにうまい店(みせ)があるってブログで見(み)たんだけど、そこに行(い)ってみよう。

음식

메뉴판
【menu板】

メニュー

예문 이 가게의 메뉴판은 아기자기하고 예쁘게 꾸며져 있다.

この店(みせ)のメニューは、色(いろ)とりどりにかわいく飾(かざ)られている。

예문 손님 : 음식 주문하려고 하는데 메뉴판 어디 있나요?
점원 : 테이블 옆에 있습니다.

客(きゃく) : 注文(ちゅうもん)したいんですが、メニューどこにありますか?
店員(てんいん) : テーブルの横(よこ)にございます。

믹스 커피
【mix coffee】▲

ミルクと砂糖入(さとうい)りのインスタントコーヒー

예문 저희 어머니는 믹스 커피를 즐겨 드십니다.

私(わたし)の母(はは)は、ミルクと砂糖入(さとうい)りのコーヒーが大好(だいす)きです。

예문 A : 믹스커피 어떻게 타먹니?
B : 물을 반만 넣는 게 맛있더라.

A : スティックのインスタントコーヒー、どうやって飲(の)むの?
B : お湯(ゆ)を半分(はんぶん)だけ入(い)れるとおいしいよ。

밑반찬
【-飯饌】

副菜(ふくさい), 常備菜(じょうびさい), 小皿(こざら)のおかず

예문 한식집에는 밑반찬 가짓수가 많다.

韓国料理店(かんこくりょうりてん)では、副菜(ふくさい)の種類(しゅるい)が多(おお)い。

예문 A : 이 집은 주문한 건 별로 없는데 밑반찬은 많이 주네?

B : 그게 이 가게의 특징이야.

A : この店、注文あまりしてないのに、小皿のおかずはサービスでたくさんくれるね?

B : それがこの店の特徴なんだよ。

붕어빵

❶ 鯛焼き

예문 이 집 붕어빵은 팥이 많이 들어가서 맛있다.

この店の鯛焼きは、あんこがたくさん入っていておいしい。

❷ (顔が) そっくり

예문 아버지와 아들의 얼굴이 붕어빵이다.

父親と息子の顔がそっくりだ。

뷔페
【buffet】

ビュッフェ【buffet】, バイキング【Viking】△, 食べ放題

예문 가족끼리 뷔페에 가면 많이 먹고 본전을 뽑아야 한다.

家族でビュッフェに行くならいっぱい食べて元とらないとね。

예문 남자 : 뷔페 중에 유명한 데가 어디니?

여자 : 내가 듣기로는 '헬로우'가 유명하대.

男性 : バイキングの中で有名なとこはどこ?

女性 : 私が聞いたところでは、「ハロー」が有 名だって。

음식

사리

❶ 料理(りょうり)に追加(ついか)で入(い)れる麺(めん)

예문 한국음식 중 감자탕에는 라면이나 우동 사리추가가 가능하다.

韓国料理(かんこくりょうり)の中(なか)で、カムジャタンは、ラーメンやうどんなど、麺(めん)の追加(ついか)が可能(かのう)だ。

참고 비슷한 말로 '替(か)え玉(だま)'가 있는데 라멘(일본식 라면)을 다 먹은 후 다시 넣는 면을 의미한다.

예문 손님 : 라면 사리 좀 더 주시겠어요?

점원 : 알겠습니다.

客(きゃく)： ラーメンの替(か)え玉(だま)、もらえますか？

店員(てんいん)：かしこまりました。

❷ 麺(めん)や糸(いと)などを数(かぞ)える単位(たんい)

예문 목도리를 짜려면 실 5사리는 필요하다.

マフラーを編(あ)むなら、毛糸(けいと)５玉(たま)は必要(ひつよう)だ。

생선
【生鮮】

魚(さかな)

해설 생선이나 물고기나 일본어로는 '魚(さかな)'라고 한다.

예문 A : 나 생선요리는 잘 못 먹어.

B : 흰살생선은 비린내가 안 나니까 괜찮을 거야.

A：私(わたし)、魚料理(さかなりょうり)苦手(にがて)なんだよね。

B：白身魚(しろみざかな)は生臭(なまぐさ)くないから大丈夫(だいじょうぶ)だよ。

예문 생선구이를 안주로 하여 이른 저녁부터 술판이 벌어졌다.

焼(や)き魚(ざかな)をつまみに、日(ひ)の明(あか)るいうちから、酒盛(さかも)

りが始(はじ)まった。

예문 연못에 물고기가 많다.
池(いけ)に魚(さかな)がいっぱいいる。

생수
【生水】

ミネラルウォーター【mineral water】

예문 나는 평소에 생수를 즐겨 마신다.
私(わたし)はいつも、ミネラルウォーターを好(この)んで飲(の)んでいる。

예문 등산할 때는 생수나 오이와 같은 야채를 챙겨 가면 좋다.
登山(とざん)する時(とき)、ミネラルウォーターや、キュウリのような野菜(やさい)を用意(ようい)して行(い)くといい。

식성이 좋다
【食性-】

何(なん)でもたくさん食(た)べる，よく食(た)べる

예문 그녀는 식성이 좋아서 못 먹는 것이 없다.
彼女(かのじょ)は何(なん)でもよく食(た)べるので、食(た)べられないものはない。

예문 성미는 식성이 좋네.
ソンミは何(なん)でもよく食(た)べるね。

참고 cf)식성이 까다롭다 ＝食(た)べ物(もの)の好(この)みがうるさい。

아주 매운 음식
【-飮食】

激辛料理(げきからりょうり)

예문 나는 아주 매운 음식 먹는 걸 좋아해.

私(わたし)は激辛料理(げきからりょうり)を食(た)べるのが好(す)き。

예문 아주 매운 음식은 스트레스 해소가 된다.

激辛料理(げきからりょうり)はストレス解消(かいしょう)になる。

앞접시
【-楪匙】

取(と)り皿(ざら)

예문 앞 접시 좀 갖다 주세요.

取(と)り皿(ざら)お願(ねが)いできますか。

예문 앞 접시에 음식을 덜어 먹는 것이 위생적이다.

取(と)り皿(ざら)に料理(りょうり)を取(と)り分(わ)けて食(た)べるのは衛生的(えいせいてき)だ。

얻어먹다

❶ おごってもらう

예문 오빠한테 도넛하고 핫초코를 얻어먹었다.

お兄(にい)ちゃんに、ドーナツとホットチョコをおごってもらった。

❷ ご馳走(ちそう)してもらう

예문 여행지에서 우연히 알게 된 사람의 집에서 점심을 얻어먹었다.

旅先(たびさき)で偶然(ぐうぜん)知(し)り合(あ)った人(ひと)の家(いえ)で、昼食(ちゅうしょく)をご馳走(ちそう)してもらった。

❸ 物乞(ものご)いする

예문 옛날에는 가난했기 때문에 얻어먹고 사는 사람도 많았다.

昔(むかし)は貧(まず)しくて、物乞(ものご)いをして暮(く)らす人(ひと)も多(おお)かった。

참고 cf)ゴチになる〔俗〕= '얻어먹다(①②)' 의 속어

엄마 손맛

お袋(ふくろ)の味(あじ)

예문 뭐니 뭐니 해도 엄마 손맛이 최고다.

なんといってもお袋(ふくろ)の味(あじ)が最高(さいこう)だね。

예문 친정엄마의 정성과 손맛 그대로…. 엄마손맛 김치 팝니다.

故郷(ふるさと)のお母(かあ)さんの真心(まごころ)とお袋(ふくろ)の味(あじ)そのまま…。

お袋(ふくろ)の味(あじ)のキムチを販売(はんばい)しています。

유통 기한 【流通期限】

賞味期限(しょうみきげん), 消費期限(しょうひきげん)

해설 일본어의 '消費期限(しょうひきげん) : 소비 기한'은 특히 제조일을 포함해 5일 이내에 소비해야 할 식품에 대하여 사용된다.

예문 손님 : 이 사과는 유통기한이 얼마나 되나요?

점원 : 과일은 유통기한이 따로 정해진 것이 없습니다

客 : このリンゴは賞味期限(しょうみきげん)どれくらいですか?

店員 : 果物(くだもの)は賞味期限(しょうみきげん)が特(とく)に決(き)まっていません。

예문 집에 유통기한이 지난 과자가 있어요.

家(いえ)に消費期限(しょうひきげん)が切(き)れたお菓子(かし)があります。

2차 【-次】

2次会(じかい)

해설 3次会(じかい), 4次会(じかい)…처럼 표현한다.

cf)はしごする : 순례하다, 돌아다니다

예문 남자A : 1차 끝났으니 2차 갈까?

남자B : 그럼 저기에 맥주 마시러 가자!

男性A：1次会終わったから2次会行くか?

男性B：それじゃ、あそこにビール飲みに行こう！

예문 내가 제일 좋아하는 2차 회식장소는 이 빌딩에 있다.

私が一番好きな２次会の場所は、このビルにある。

일식요리 【日式料理】

和食, 日本料理

예문 한국 유학중인 니시무라 씨는 일식레스토랑에서 아르바이트를 하고 있다.

韓国留学中の西村さんは、和食の店でアルバイトをしている。

예문 그는 일식요리 자격증을 가지고 있다.

彼は日本料理の資格を持っている。

전자레인지에 돌리다 【電子range-】

電子レンジにかける, 電子レンジでチンする

예문 이 음식은 전자레인지에 3분간 돌려서 먹어요.

この食べ物は電子レンジでチンして食べます。

예문 전자레인지를 돌리는 동안 전자파가 많이 나온다.

レンジにかけてる間、電磁波がたくさん出ている。

큰 술

大さじ ↔ 小さじ : 작은 술

예문 양념 : 고추장 2큰 술, 고추가루 1큰 술, 간장 1큰 술

調味料：コチュジャン大さじ2杯、粉唐辛子大

さじ1杯(ぱい)、醤油(しょうゆ)大(おお)さじ1杯(ぱい)

예문 멸치 볶음에 참기름 1큰 술 넣어 주세요.

いりこ炒(いた)めに、ごま油(あぶら)大(おお)さじ1杯(ぱい)を入(い)れてください。

파도타기
【波涛-】

❶ お酒(さけ)を飲(の)む時(とき)、順番(じゅんばん)に一気飲(いっきの)みをすること〔俗〕

예문 신입사원부터 차례로 파도타기를 하자.

新入社員(しんにゅうしゃいん)から順番(じゅんばん)に一気飲(いっきの)みしていこう。

❷ <경기장 등에서>**ウェーブ**【wave】

예문 곧 있으면 파도타기를 하기 때문에 자리를 비울 수 없어.

もうすぐウェーブするから、席(せき)を離(はな)れられない。

❸ **サーフィン, 波乗(なみの)り**

예문 하루 종일 파도타기를 해서 몸살이 났다.

一日中(いちにちじゅう)サーフィンしたから体(からだ)の調子(ちょうし)が悪(わる)い。

프림

クリーム【cream】

예문 프림은 몸에 해롭다고 알려져 있지만 커피에 프림을 빼면 맛이 없다.

クリームは体(からだ)に悪(わる)いとされているが、コーヒーにクリームを入(い)れないとおいしくない。

예문 예전에는 프림 넣은 커피를 참 좋아했다.

以前(いぜん)は、クリーム入(い)りのコーヒーが本当(ほんとう)に好(す)きだった。

필름이 끊기다
【film-】

お酒を飲んで記憶が飛ぶ

예문 필름이 끊길 정도로 술을 많이 마셨다.

記憶が飛ぶほどお酒をたくさん飲んだ。

예문 평소에는 술을 즐기지 않지만, 한번 마시면 필름이 끊길 때까지 마신다.

ふだんはお酒をたしなまないけど、一度口にすると記憶がなくなるぐらい飲んでしまう。

해물
【海物】

海鮮, シーフード【seafood】

해설 한국 학습자들이 해물을 '海物(かいぶつ)' 라고 하는 경우가 많은데 이것은 잘못된 표현이다. 일본어로 'かいぶつ(怪物)'는 괴물을 뜻한다.

예문 친구와 해물뷔페에 가서 대게를 실컷 먹었다.

友達とシーフードビュッフェに行って、おもいっきりカニを食べた。

예문 A : 싱싱한 오징어랑 새우도 있겠다, 오늘 저녁은 해물탕 어때?
B : 미안, 나 해산물 알레르기가 있어.

A: 活きのいいイカとエビがあるし、今日の夕ご飯は海鮮鍋でどう？
B: ごめん、わたし海鮮アレルギーなんだ。

회식
【会食】

飲み会, 接待, 会 食

해설 일본에서는 경우에 따라 구분하여 사용한다. '会食(かいしょく) : 회식'= 격식을 차리는 식사자리. '飲(の)み会 (かい)'=친구나 동아리, 회사에서 친목을 도모하기 위한 마음 편한 술자리. '接待(せったい)'=거래처 등 손님을 대접하는 것.

예문 회식자리는 즐겁지만 피곤할 때는 정말 가기 싫다.

飲(の)み会(かい)は楽(たの)しいけど、疲(つか)れてる時(とき)は本当(ほんとう)に行(い)きたくない。

예문 거래처의 접대로 고급스러운 분위기의 한정식 가게에서 회식을 했습니다.

取引先(とりひきさき)の接待(せったい)で、高級(こうきゅう)な雰囲気(ふんいき)の韓定食(かんていしょく)の店(みせ)で、会食(かいしょく)をしました。

후식
【後食】

デザート 【dessert】

해설 최근 젊은이는 달콤한 것을 나타내는 표현으로서 'スイーツ'【sweets】을 주로 사용한다.

예문 후식으로 과일을 먹다.

デザートにフルーツを食(た)べる。

예문 후식으로 케이크에 우유라니….이건 한 끼 식사나 마찬가지다.

デザートにケーキと牛乳(ぎゅうにゅう)だなんて…。これって一食分(いっしょくぶん)の 食事(しょくじ)と同(おな)じだよ。

예문 외대 앞에 있는 디저트 카페 'Sweet Dream'은 디저트 하나하나가 마치 메인 요리처럼 화려하게 나온다.

外大前(がいだいまえ)にあるスイーツカフェ「Sweet Dream」は、スイーツ一(ひと)つ一つが、まるでメインディッシュのように豪華(ごうか)だ。

참고 알아두면 좋은 음식관련 단어

계란말이	玉子(たまご)焼(や)き
계란후라이	目玉(めだま)焼(や)き
군만두	焼(や)き餃子(ぎょうざ)
녹말, 전분	片栗粉(かたくりこ)
느타리버섯	ひらたけ
능이버섯	まいたけ
마늘빵	ガーリックトースト
맛살(게살)	カニカマ，カニ風味(ふうみ)かまぼこ
메추리 알	うずらの卵(たまご)
무순	かいわれ大根(だいこん)
밀크 커피	ミルク，砂糖(さとう)入(い)りのインスタントコーヒー
바게트	フランスパン，バゲット
방울토마토	ミニトマト，プチトマト
백일송이버섯	しめじ
보드카	ウォッカ
보온병	魔法瓶(まほうびん)
보이차	プーアール茶(ちゃ)
새송이 버섯	エリンギ
새싹채소	スプラウト
생과일 주스	フレッシュジュース，果汁(かじゅう)100%ジュース
생식	穀物(こくもつ)や野菜(やさい)などを乾燥(かんそう)し粉末(ふんまつ)にしたもの
설탕 커피	ミルクなしの、砂糖(さとう)だけ入(はい)っているイ

	ンスタントコーヒー
쇠고기다시	ブイヨン
양상추	レタス
원두커피	レギュラーコーヒー
월남 쌈	生春巻(なまはるまき), ライスペーパー
애호박	ズッキーニ
액젓	魚醤(ぎょしょう), しおから
자몽	グレープフルーツ
자장면	ジャージャー麺(めん), ジャジャン麺(めん)
찐빵	中華(ちゅうか)まん, 蒸(む)しパン
참치캔	ツナ缶(かん)
커피 원두	コーヒー豆(まめ)
튀김만두	揚(あ)げ餃子(ぎょうざ)
팥빙수	氷(こおり)あずき, かき氷(ごおり)
페트병	ペットボトル
폭탄주	ビールが入(はい)っているジョッキに洋酒(ようしゅ)が入(はい)っているショットグラスを入(い)れて混(ま)ぜて飲(の)むお酒(さけ)
표고버섯	しいたけ
퓨전 요리	新(あたら)しいスタイルの料理(りょうり), 創作料理(そうさくりょうり)
핫 초코	ホットココア, ホットチョコ
휘핑크림	ホイップクリーム

7
Chapter
교통 交通(こうつう)

7-1 교통전반_交通全般(こうつうぜんぱん)

갓길

路肩(ろかた)

예문 운전 중 자동차 상태가 이상해서 갓길에 차를 세웠다.

運転中(うんてんちゅう)、車(くるま)の状態(じょうたい)がおかしくて、路肩(ろかた)に車(くるま)を止(と)めた。

예문 고속도로에 차가 막혀서 몇몇 운전자들이 갓길 운전을 했다. 그 때문에 응급차가 지나가지 못해서 병원에 늦게 도착했고, 환자의 상태는 악화되었다.

高速道路(こうそくどうろ)が混(こ)んでいて、何人(なんにん)かの運転者(うんてんしゃ)が路肩(ろかた)運転(うんてん)をした。そのために救急車(きゅうきゅうしゃ)が通(とお)ることができず、病院(びょういん)への到着(とうちゃく)が遅(おそ)くなり、患者(かんじゃ)の状態(じょうたい)は悪化(あっか)した。

고속버스
【高速bus】

高速(こうそく)バス, 長距離(ちょうきょり)バス, リムジンバス

예문 도쿄행 고속버스 요금이 많이 올라서 깜짝 놀랐다.

東京(とうきょう)行(い)きの長距離(ちょうきょり)バスの料金(りょうきん)がかなり上(あ)がってびっくりした。

예문 A : 광주에 가려고 하는데 뭘 타는 게 좋을까?
B : 여기서라면 고속도로로 바로 연결되어 있으니까 고속버스 타고 가!

A : 光州(クァンジュ)に行(い)こうと思(おも)うんだけど、何(なに)に乗(の)っていけばいいかな。

B：ここからだと高速道路で直で行けるから高速バスに乗って行ったら？

교통 카드
【交通card】

乗車カード，バスや電車に乗り換え可能な乗車カード

해설 일본에서는 운영회사마다 명칭이 다르다. 예)JR東日本(ひがしにほん)：SUICA

예문 여기서 교통카드 충전할 수 있나요?

ここで乗車カードチャージできますか？

예문 일본인：한국에서 버스 할인 받는 방법 없나요?

한국인：교통카드를 사용하면 환승도 되고 할인도 받을 수 있어.

日本人：韓国でバスに安く乗る方法ないかな?

韓国人：「交通カード」を使えば、乗り換えもできるし割引になるよ。

노약자석
【老弱者席】

優先席，思いやり席

주의 예전에는 'シルバーシート'【silver＋seat】△라고도 했다. 그리고 일본에서는 '優先席(ゆうせんせき)' 근처에서는 휴대폰의 전원을 꺼야 하기 때문에 주의가 필요하다.

예문 노약자석에는 앉지 맙시다/자리를 양보합시다.

優先席には座らないようにしましょう。/ 優先席では席を譲りましょう。

예문 A：아이구 다리야. 저기 앉을까?

B：거긴 안돼. 노약자석이라고 적혀 있잖아.

A：지금은 이자리밖에 없는걸?

B：그럼 어르신들 오시면 빨리 자리 비켜드려.

A：あー、足が痛い。あそこに座ろうか。

B：あそこはだめだよ。優先席って書いてあるじゃない。

A：今はこの席しかないじゃん。

B：じゃ、お年寄りが来たら、すぐ席を譲りなよ。

대리운전
【代理運轉】

代行(運転)

예문 A : 가와노교수님 오늘 술 한잔 하셔야죠?

B : 죄송한데 오늘 차를 가져 와서요….

A : 그거라면 걱정 마세요. 대리운전 불러드릴게요.

B : 그럼 달려 볼까요? 건배!

A：かわの先生、今日一杯いかがですか。

B：すみませんが、今日車で来てますので。

A：それならご心配なく。代行お呼びしますので。

B：じゃ、飲みましょうか。乾杯！

예문 대리운전은 음주 후 자신의 차로 안전한 귀가를 할 수 있다는 장점이 있다.

代行運転は、飲酒後、自分の車で安全に帰宅ができるという長所がある。

렌트
【rent】

レンタル

예문 A : 전에 가이드를 부탁했던 C회사의 A입니다. 죄송한데 버스 렌트도 부탁해도 될까요?

B : 네, 그렇게 해 드리겠습니다.

A：以前ガイドを頼んだC社のAです。申し訳ありませんが、バスのレンタルもお願いしてもよろしいでしょうか？

B：はい、分(わ)かりました。

예문 여행지에 가서 렌터카를 빌려 구경 다니자.

旅行先(りょこうさき)でレンタカー借(か)りて観光(かんこう)しよう。

마을버스 【-bus】

コミュニティーバス【community bus】△

예문 선배 : 태권아, 너는 어떻게 등교하니?

태권 : 집 앞에서 10번 마을버스를 타요.

先輩(せんぱい)：テグォン、どうやって登校(とうこう)するの？

テグォン：家(いえ)の前(まえ)で10番(じゅうばん)のコミュニティーバスに乗(の)ります。

예문 마을버스가 연착되어서 30분 넘게 추운 길에서 벌벌 떨고 있었다.

コミュニティーバスが遅(おく)れて、30分(ぷん)以上(いじょう)寒(さむ)い道(みち)でぶるぶる震(ふる)えていた。

마일리지 【mileage】

マイレージ

해설 'マイル'【mile】은 마일리지 프로그램에서 사용되는 포인트의 단위.

예문 쌓인 마일리지 점수는 사은품으로 교환할 수 있다.

たまったマイルのポイントは景品(けいひん)へ交換(こうかん)できる。

예문 적은 돈이라고 무시하지 말고 마일리지를 꼼꼼히 모으자.

少(すく)ない金額(きんがく)だとばかにせず、マイレージをこつこつためよう。

예문 손님 : 서울행 비행기 티켓 부탁드려요.

직원 : 네. 고객님. 마일리지로 구입 가능하신데 결제하시겠습니까?

손님 : 네, 부탁해요(그렇게 해주세요).

客：ソウル行きの飛行機のチケットお願いします。

職員：はい、お客様。マイレージで購入可能ですが、決済されますか?

客：はい、お願いします。

막차
【-車】

終電〈전철〉, **終バス**〈버스〉

예문 에리코 : 민호야, 이렇게 늦게까지 놀아도 돼? 차 안 끊겨?
민호 : 괜찮아. 여기서 1시 20분에 막차 있으니까 그거 타면 돼!

えりこ：ミンホ！こんなに遅くまで遊んでもいいの？電車ある？

ミンホ：大丈夫だよ。1時20分に終電があるから、それに乗ればいいよ。

예문 택시를 타면 요금이 비싸니까 미리 막차시간을 알아두자.

タクシーに乗ると料金高いから、あらかじめ終バスの時間調べとこう。

시간표
【時間表】

❶ **時間割**〈학교에서 쓸 경우〉, **スケジュール表**

예문 대학교를 다니면 시간표를 자기 마음대로 짤 수 있다.

大学に行ったら、時間割を自分の思いのままに組むことができる。

❷ **時刻表**〈교통에서 일반적으로〉

예문 자주 이용하는 대중교통의 시간표를 프린트해서 가지고 다니면 편리합니다. 좋은 글 잘 읽었습니다.

よく利用(りよう)する公共交通(こうきょうこうつう)の時刻表(じこくひょう)をプリントして準備(じゅんび)しておくと、便利(べんり)です。

❸ **ダイヤ**〈전철의 경우〉

예문 시간표대로라면 이미 도착할 시간인데, 아직도 열차가 오지 않는다.

ダイヤどおりならすでに到着(とうちゃく)する時間(じかん)なのに、まだ列車(れっしゃ)が来(こ)ない。

시내버스【市内bus】

路線(ろせん)バス

해설 일본에는 일반버스와 좌석버스의 구분이 없다.

예문 시내버스가 만원이라 자리가 없어서 1시간 내내 서 있었다.

路線(ろせん)バスが満員(まんいん)で席(せき)がなくて、1時間(いちじかん)ずっと立(た)っていた。

예문 51번 시내버스로 가다가 지하철 1호선으로 갈아타세요.

51番(ばん)の路線(ろせん)バスで行(い)って、地下鉄(ちかてつ)1号線(ごうせん)に乗(の)り換(か)えてください。

양보하다【讓步-】

❶ **譲(ゆず)る**

주의 일본어 '讓歩(じょうほ)する'는 정치나 비즈니스의 교섭 등에서 사용되는 딱딱한 이미지가 있다. '讓(ゆず)る'를 많이 쓴다.

예문 어르신께 자리를 양보해 드렸다.

お年寄(としよ)りに席(せき)を譲(ゆず)ってあげた。

예문 도로에서 다른 차에게 길을 양보하다.

道路(どうろ)で他(ほか)の車(くるま)に道(みち)を譲(ゆず)る。

❷ 譲歩（じょうほ）

예문 낙농가들은 ℓ당 704원인 원유가격을 173원 올려달라는 요구를 했다. 우유업체들은 81원으로 양보를 했다.

酪農家（らくのうか）は ℓ（リッター）当（あ）たり704ウォンの原乳価格（げんにゅうかかく）を173ウォン上（あ）げろと要求（ようきゅう）した。牛乳事業者（ぎゅうにゅうじぎょうしゃ）は81ウォンで譲歩（じょうほ）をした。

예약 대기
【豫約待機】

キャンセル待（ま）ち

예문 안내원 : 고객님께서 신청하신 항공권은 이미 매진입니다만, 예약대기자 명단에 올려 놓을까요?

손님 : 예, 그렇게 해주세요.

案内員（あんないいん）：お客様（きゃくさま）がお申（もう）し込（こ）みになった航空券（こうくうけん）は、すでに売（う）り切（き）れなのですが、キャンセル待（ま）ちをされますか？

客（きゃく）：はい、そうしてください。

예문 이미 열차표는 매진이 되었지만, 만약을 위해 예약대기를 신청해놓았습니다.

すでに列車の切符（きっぷ）は売（う）り切（き）れになりましたが、もしものために、キャンセル待（ま）ちを申（もう）し込（こ）んでおきました。

용달차
【用達車】

小型（こがた）トラック, 配達用（はいたつよう）の貨物自動車（かもつじどうしゃ）, 配達用（はいたつよう）のトラック

예문 어머니 : 이번에 이사 갈 새집으로 침대 좀 옮겨야 되겠다.

아들 : 그럼 용달차 부르세요. 큰 짐 옮길 땐 용달차가 최고에요!

母（はは）：今度引越（こんどひっこ）しする家（うち）に、ベッドを運（はこ）ばなきゃ

ならないの。

息子：それじゃ小型トラックを頼んだら？ 大きな荷物を運ぶ時は、小型トラックが最高だよ！

예문 이삿짐이 적어서 용달차로도 충분할 것 같다.

引越しの荷物が少なくて、小型トラックでも十分のようだ。

좌석 버스 **路線バスより料金が高く、座席が多いバス**

예문 A : 시내버스를 타면 민호 씨 집에 가나요?

B : 아니요. 시내버스가 없어서 좌석버스 타셔야 해요.

A : 그럼 일반버스보다 비싸지 않나요?

B : 네, 좌석이 편한 대신 500원 더 비싸요.

A：路線バスに乗ればミンホさんの家に行けるんですか?

B：いいえ。路線バスがないので、「座席バス」に乗らなければいけません。

A：だったら普通のバスより高くないですか?

B：はい。シートがあって楽なんですが、かわりに、500ウォン高いんです。

예문 출퇴근시간이라 좌석 버스인데도 자리가 없어 서서 갈 정도로 만원이었다.

通勤時間なので、「座席バス」なのに席がなくて、立たなければならないほど満員だった。

첫차
【-車】

始発 ↔ 終電, 終バス〈막차〉

예문 A : 첫차는 몇 시에 운행하나요?
B : 새벽 5시 45분입니다.
A : 始発は何時に運行するんですか?
B : 朝5時45分です。

예문 첫차를 타야 하는데 놓쳐버렸으니 어쩔 수 없이 아버지께 차로 데려다 달라고 부탁했어요.
始発に乗らなければならなかったんですが、乗り遅れてしまったので、やむを得ず父に車で送ってくれと頼みました。

충전
【充填】

(バスカードや地下鉄カードに)チャージする

예문 선불 교통카드는 매번 잔액이 떨어지기 전에 충전해야 해서 귀찮았다. 그래서 이번에 후불 교통카드를 사기로 했다.
プリペイドの乗車カードは、毎回残額がなくなる前にチャージしなければならないので面倒だった。それで今回は、後払いの乗車カードを買うことにした。

예문 저는 교통카드 요금 충전은 언제나 편의점에서 합니다.
私は乗車カードの料金チャージは、いつもコンビニでします。

톨게이트
【tollgate】

(有料道路の)料金所

예문 아버지 : 정훈아 톨게이트 다 와간다.

정훈 : 톨게이트비가 얼마죠?

아버지 : 부산에서 양산까지 1300원으로 알고 있는데?

父(ちち)：ジョンフン、料金所(りょうきんじょ)にもう着(つ)くぞ。

ジョンフン：料金(りょうきん)はいくらなの?

父：プサンからヤンサンまで1300ウォンだと思(おも)うけど?

예문 설 연휴라 차가 막혀서 톨게이트 근처에서 10분이나 정체되어 있다.

正月(しょうがつ)の連休(れんきゅう)で車(くるま)が渋滞(じゅうたい)して、料金所近(りょうきんじょちか)くで10分(じゅっぷん)も動(うご)かない。

특실
【特室】

グリーン車(しゃ) 〈일본 철도회사 JR의 경우〉

예문 도쿄까지 가야 하는데 특실을 탈지 일반실을 탈지 고민 중입니다.

東京(とうきょう)まで行(い)かなければならないんですが、グリーン車(しゃ)に乗(の)るか、普通車(ふつうしゃ)に乗(の)るか悩(なや)んでいます。

예문 이번 설날 때 부산에 가려고 특실을 예매했다.

今度(こんど)の正月(しょうがつ)、プサンに行(い)こうと、「特室(とくしつ)(グリーン車(しゃ))」を前(まえ)もって購入(こうにゅう)した。

할인항공권
【割引航空券】

格安航空券(かくやすこうくうけん)

예문 잘 알아보면 얼마든지 저렴한 할인항공권을 구할 수 있다.

よく調(しら)べてみたら、いくらでも安(やす)い格安航空券(かくやすこうくうけん)を購入(こうにゅう)できる。

예문 운 좋게 할인항공권이 있어서 여행 경비를 많이 절약할 수 있었다.

運良く格安航空券があって、旅費をかなり節約することができた。

환승
【換乗】

乗り換え

해설 지하철 서면역에서 내려서 2호선으로 갈아탔다.

地下鉄ソミョン駅で降りて2号線に乗り換えた。

예문 케세이에서 콴타스로 환승하는 것은 처음이라서 어떻게 환승해야 할지 모르겠습니다.

キャセイからカンタスへ乗り換えするのは初めてなので、どうやって乗り換えなければならないのか分かりません。

휴게소
【休憩所】

サービスエリア【service area】△, **パーキングエリア**【parking area】△

해설 보통 고속도로에 있는 휴게소를 말한다. 'サービスエリア'는 줄여서 SA, 'パーキングエリア'는 줄여서 PA라고 부른다. 일반적으로 PA는 SA보다 규모가 작다.

예문 휴게소에서 파는 감자를 너무 좋아해서, 고속도로에 들어가기만 하면 그 감자가 생각난다.

サービスエリアで売っているジャガイモが大好きで、高速道路に入っただけでも、そのジャガイモのことを思い出す。

예문 오랜 운전으로 지쳤을 때는 휴게소에서 잠시라도 눈을 붙이는 게 좋습니다.

長時間の運転で疲れた時は、パーキングエリアで少しでも、仮眠をとったほうがいいですよ。

7-2 자동차 _自動車(じどうしゃ)

가속 페달 【加速pedal】 액셀	**アクセル【accelerator】** 주의 액셀을 ‘エクセル’라고 발음하면, 일본인은 표계산 소프트웨어 프로그램인 ‘엑셀〈EXCEL〉’을 떠올리므로 주의해야 한다. 예문 사고의 원인은 가속 페달의 고장이라고 했다. 事故(じこ)の原因(げんいん)は、アクセルの故障(こしょう)らしい。 예문 액셀과 브레이크를 잘못 밟아서 사고가 날 수 있으니 주의합시다. アクセルとブレーキを踏(ふ)み間違(まちが)えて、事故(じこ)が起(お)こることがあるので、気(き)をつけましょう。
경적 【警笛】	**クラクション【klaxon】△** 예문 일본에서는 위험할 때나 감사를 표현할 때 외에는 경적을 울리지 않는다. 日本(にほん)では、危険(きけん)な時(とき)や、お礼(れい)を示(しめ)す時以外(いがい)にはあまりクラクションを鳴(な)らさない。 예문 신호가 파란불로 바뀌고 바로 발진하지 않으면, 뒤에서 경적을 울린다. 信号(しんごう)が青(あお)に変(か)わってすぐに発進(はっしん)しないと、後(うし)ろの人(ひと)からクラクションを鳴(な)らされる。 예문 A : 정훈아, 앞차가 차선을 못 맞추는 거 보니 졸음 운전인 거 같은데? B : 어디 어디? 정말 그러네!

A : 저런 건 위험해. 경적 울려서 위험하다고 신호 보내 줘!

A：ジョンフン、前の車が車線をはみだしているけど、居眠り運転みたいだね。

B：どこどこ? あっ、本当だ!

A：あんなの危ないよ。クラクション鳴らして危険だって合図を送って!

경차 【輕車】

軽自動車, 軽

해설 일상 회화에서는 '軽(けい)'라고 부르는 경우가 많다.

예문 경차는 주차할 때 편리하다.

軽自動車は駐車する時便利だ。

예문 A : 기현아 차 귀여운데. 새로 나온 거야?

B : 응. 가격도 싸고, 연비도 좋아.

A : 이차 경차야? 그렇게 안 보이는데? 좋네.

A：ギヒョン、車かわいいね。新しく出たの？

B：うん。値段も安くて、燃費もいいよ。

A：この車、軽なの? そんな風に見えないんだけど？いいね。

공회전 【空回轉】

アイドリング 【idling】

예문 일본의 버스는 공회전하지 않기를 실천하고 있다.

日本のバスは、アイドリング・ストップを実施している。

예문 공회전을 하지 않으면 에너지 절약이 돼서 환경보호에 좋다.

アイドリング・ストップをすれば、省(しょう)エネになって地球(ちきゅう)にやさしい。

깜빡이

ウィンカー【winker】△, 方向指示器(ほうこうしじき)

예문 A : 우회전이야, 좌회전이야?

B : 아직 우리 집 못 외웠구나~ 오른쪽이야, 오른쪽! 앗 위험해!! 차선을 변경하려면 깜빡이를 켜야지!

A：右折(うせつ)だっけ？左折(させつ)だっけ？

B：まだオレんち覚(おぼ)えてないのか。右(みぎ)だよ、右(みぎ)！ああ、危(あぶ)ない。車線変更(しゃせんへんこう)するなら、ウィンカーださないと！

예문 앞의 차가 깜빡이를 켜지 않고 좌회전해서 깜짝 놀랐다.

前(まえ)の車(くるま)がウィンカーを出(だ)さずに左折(させつ)したので焦(あせ)った。

무선도어잠금
【無線door-】

キーレスエントリー【key less entry】

예문 지금 차는 무선 도어 잠금시스템이기 때문에, 비 내리는 날이나 짐이 많은 날도 편리하다.

今(いま)の車(くるま)はキーレスエントリーだから、雨(あめ)の日(ひ)や荷物(にもつ)が多(おお)い日(ひ)も便利(べんり)だ。

예문 차종에 따라서는 무선 도어 잠금시스템이 설치되지 않는 것도 있다.

車種(しゃしゅ)によっては、キーレスエントリーが搭載(とうさい)されていないものもある。

변속기 레버
【變速機lever】

シフトレバー【shift lever】△

예문 변속기 레버가 핸들 가까운 곳에 있어서 변속체 조작이 편해졌다.

シフトレバーがハンドルに近(ちか)いところにあるので、シフトチェンジの操作(そうさ)が楽(らく)になった。

예문 오래된 자동차라서 변속기 레버에 힘을 많이 줘야 움직여요.

古(ふる)い車(くるま)なので、シフトレバーに力(ちから)を思(おも)いっきりいれないと、動(うご)きません。

브레이크
【brake】

ブレーキ

예문 〈진성의 차를 빌려서〉

영화 : 진성아, 네 차, 브레이크가 잘 안 되는 것 같은데?
진성 : 차를 안타고 오래 놔둬서 그런가?
영화 : 한번 점검 받아봐.

＜ジンソンの車(くるま)を借(か)りて＞
ヨンファ：ジンソン、お前(まえ)の車(くるま)、ブレーキがあんまり利(き)かない感(かん)じだけど？
ジンソン：しばらく乗(の)ってなかったからかな。
ヨンファ：一度点検(いちどてんけん)に出(だ)してみろよ。

예문 초보운전 시절에 차를 운전할 때 가장 어려운 것 중의 하나가 바로 브레이크를 밟는 것입니다.

初心者運転(しょしんしゃうんてん)の時期(じき)に、車(くるま)を運転(うんてん)する時(とき)、最(もっと)も難(むずか)しいことのひとつが、ブレーキを踏(ふ)むことです。

비상경고등
【非常警告燈】

ハザードランプ【hazard lamp】△

예문 A : 차가 고장 난 거 같은데?
B : 일단 다른 차들이 알아보기 쉽게 비상경고등 켜 놓고 확인해보자!
A : 車(くるま)が故障(こしょう)したみたいなんだけど。
B : とりあえず他(ほか)の車(くるま)が分(わ)かるようにハザード出(だ)して確認(かくにん)してみよう。

예문 비상경고등은 좌우 깜박이가 다 켜져야 한다.
ハザードランプは、左右(さゆう)の点滅(てんめつ)ランプがどちらともついていなければならない。

선팅(썬팅)
【sunting】▲

車(くるま)の窓(まど)にフィルム【film】, **スモークフィルム**【smoke film】△ **を貼(は)ること**

예문 날씨가 더워져서 자동차 선팅을 좀 더 진한 색으로 하고 싶어졌다.
暑(あつ)くなってきたから、車(くるま)の窓(まど)のフィルムをもう少(すこ)し濃(こ)い色(いろ)にしたくなった。

예문 A : 햇빛 때문에 차 안이 너무 덥지 않아?
B : 열 차단 선팅을 하면 어느 정도 효과가 있대.
A : 陽射(ひざ)しが強(つよ)すぎて車内(しゃない)がすごく暑(あつ)くない?
B : 熱(ねつ)を遮断(しゃだん)するスモークフィルムを貼(は)ったら少(すこ)しは効果(こうか)があるってよ。

수동변속장치
【手動變速裝置】

マニュアル(トランスミッション)【manual transmission】

해설 'MT', 'ミッション'이라고도 부른다.

예문 A : 역시 오르막 길에는 수동변속이 제 맛이야!

B : 왜?

A : 1단으로 출발하면 오르막에도 힘이 넘치잖아~

B : 내 차는 오토인데도 잘 올라가는데?

A : 그건 니 차가 좋은 거고…

A : やっぱり上り坂にはマニュアルがいい!

B : なんで?

A : 1速で発進したら、上りでも馬力すごいじゃん。

B : オレの車はオートマだけど、ちゃんと上るよ?

A : それはおまえの車がいいからで…

예문 수동기어 자동차 운행시 1단에서 2단 넣는 방법을 자세하게 알고 싶어요.

マニュアルを運転する時、ローからセカンドに入れる方法を詳しく知りたいです。

시동을 걸다
【始動】

エンジンを掛ける

예문 상사 : 이대리, 곧 나갈 테니 차에 시동 좀 걸어 주겠나?

이대리 : 네, 알겠습니다.

上司 : イ代理、すぐ出るから車のエンジンを掛けといてくれるか?

イ代理 : はい、かしこまりました。

예문 운전면허 시험이 시작되었다. 나는 잔뜩 긴장한 채로 시동을 걸었다.

運転免許試験が始まった。私は、かなり緊張しながらエンジンを掛(か)けた。

시동이 꺼지다
【始動-】

エンジンが止(と)まる

예문 고객 : ABC카센터죠?
카센터 : 네, 고객님.
고객 : 엔진 쪽에서 타는 냄새가 나더니 시동이 꺼졌어요.
카센터 : 지금 상황에서 판단 하긴 힘들구요. 위치를 알려 주시면 지금 바로 정비사를 보내드리겠습니다.

客(きゃく) : ABCカーセンターですよね?
カーセンター : はい、お客様(きゃくさま)。
客 : エンジンから焦(こ)げるにおいがして、エンジンが止(と)まったんですけど。
カーセンター : 今(いま)の状況(じょうきょう)で判断(はんだん)するのはちょっと難(むずか)しいですね。場所(ばしょ)を教(おし)えていただければ、今(いま)すぐ整備士(せいびし)を行(い)かせます。

예문 OO회사의 자동차가 운전 중 멋대로 시동이 꺼지는 문제가 발생하여 리콜조치 되었다.

OO会社(かいしゃ)の自動車(じどうしゃ)が、運転中(うんてんちゅう)、勝手(かって)にエンジンが止(と)まるという問題(もんだい)が発生(はっせい)し、リコールされた。

안개등
【-燈】

フォグランプ【fog lamp】

예문 A : 비가 많이 와서 도로가 잘 안보이네.
B : 그럼 안개등을 한번 켜봐~.
A : 안개등? 안개등이 뭐야?
B : 설마 그것도 모르고 운전하고 있었어? 쉽게 말해서 날씨가 좋지 않은 상황에 주변을 잘 볼 수 있게 도와주는 게 안개등이야.

A：大雨で道路がよく見えないなぁ。

B：それならフォグランプつけてみて。

A：フォグランプ？フォグランプってなに？

B：まさかそれも知らずに運転してたの？ 分かりやすく説明すると、天気がよくないときに周りがよく見えるようにしてくれるのがフォグランプだよ。

예문 비가 오는 날이나 안개 낀 날에는 안개등을 켜면 됩니다.

雨の日や霧の日はフォグランプをつけるといいです。

안전벨트 【安全belt】

シートベルト【seat belt】

참고 안전벨트를 매다 シートベルトを締める

예문 정훈 : 윤철아, 네 차 안전벨트가 너무 헐렁한데?

윤철 : 네가 너무 말라서 그렇잖아… 살 좀 찌워!

ジョンフン：ユンチョル！お前の車シートベルトがゆるゆるなんだけど。

ユンチョル：お前が痩せすぎだからだよ。もう少し肉つけろ。

오토매틱 【automatic transmission】

オートマチック【Automatic transmission】, **オートマ, AT**

예문 A : 난 수동기어에 별로 자신 없는데.

B : 그럼 오토타면 되잖아?

A：私、マニュアルにはあんまり自信がないんだよね。

B：それならオートマにすればいいじゃん。

예문 한국에서는 면허 딸 때 자동 변속장치랑 수동 변속장치의 가격차이가 얼마 정도 나요?

韓国では免許取るとき、オートマとマニュアルのどれくらい値段違うの？

워셔액
【washer液】

ウォッシャー液

예문 A : 창문이 더러워 보이지 않아?
B : 좀 그래 보이네. 워셔액 좀 뿌려봐.
A : 오~깨끗한데? 땡큐!

A：窓汚くない？

B：そうだね、ウォッシャー液出してみて。

A：お～きれいになった。サンキュー。

예문 어라? 워셔액이 잘 안 나오네. 왜 그렇지?

あれ？ウォッシャー液の出が悪いなぁ。なんでだろう。

유아용 보조시트
【幼兒用補助seat】

チャイルドシート【child seat】△

예문 일본은 6살 미만의 아이가 있는 가정에서는 차량에 유아용 보조시트 설치가 의무화되어 있다고 한다.

日本は、6歳未満の幼児がいる家庭では、車にチャイルドシートの設置が義務付けられているという。

예문 남편 : 여보! 둘째도 태어났는데 유아용 보조시트 하나 사자.
아내 : 안돼~너무 비싸!! 첫째가 쓰던 게 있으니 그걸로 하자.

예문 夫：ねえ。二人目も生まれたことだし、チャイルドシートひとつ買おうよ。
妻：だめよ〜。高すぎる。上の子のお古があるから、それにしましょ。

잭
【jack】

ジャッキ

예문 료코 : 승엽아 타이어가 이상한 느낌인데?
승엽 : 왜 그러지? 갓길로 세워봐. 헐~ 타이어가 펑크 났네. 못에 찔렸나 봐. 잭 들고 있지? 줘봐.

りょうこ：スンヨプ！タイヤがおかしい気がするんだけど。
スンヨプ：なんでだろう。路肩に止めてみて。げっ、タイアがパンクしてるぞ。釘が刺さったんだろう。ジャッキ持ってるだろ？貸して。

예문 잭은 자동차를 들어 올리는 휴대용 기구다.
ジャッキは、自動車を持ち上げる携帯用の器具だ。

초보운전
【初步運轉】

初心者運転

예문 선배 : 운전이 미숙하네.
후배 : 네. 아직 초보운전이라서요.

先輩：運転がまだまだだね。
後輩：はい。まだ初心者ですから。

예문 초보운전자들이 가장 겁내는 것은 바로 차선변경이다.
初心者運転の人が、一番怖がるのは、車線変更だ。

친환경자동차
【親環境自動車】

エコカー【eco car】

예문 최근 국내 자동차업계는 친환경자동차 개발에 힘쓰고 있다.

最近国内(さいきんこくない)の自動車業界(じどうしゃぎょうかい)はエコカー開発(かいはつ)に努(つと)めている。

예문 아빠 : 차를 새로 사려고 하는데, 어떤 게 좋을지 모르겠구나.

딸 : 친환경 자동차는 어때요? 주차료나 세금도 감면 해준대요.

父(ちち)：自動車(じどうしゃ)を新(あたら)しく買(か)おうと思(おも)っているんだけど、どんなのがいいのかわからないな。

娘(むすめ)：エコカーはどう？ 駐車代(ちゅうしゃだい)や税金(ぜいきん)も減免(げんめん)するんだってよ。

휠
【wheel】

ホイール

예문 자동차 타이어를 교체하는 김에 휠도 함께 교체했다.

自動車(じどうしゃ)のタイヤを換(か)えるついでに、ホイールも一緒(いっしょ)に換(か)えた。

예문 휠에도 여러 디자인이 있어서 어떤 것을 선택할지 고민된다.

ホイールにも色々(いろいろ)なデザインがあって、どれにするか悩(なや)むところだ。

8
Chapter
장소 場所(ばしょ)

장소 _場所

감옥 【監獄】	**刑務所, 監獄** 해설 일본에서는 일반적으로 '刑務所(けいむしょ)'라고 한다. 예문 사춘기 시절, 나에게 학교란 감옥과도 같았다. 思春期の私にとって学校は刑務所も同然だった。 예문 거짓말을 일삼던 그 사람은 결국 사기죄로 감옥에 가게 되었다. 嘘が日常化していたその人は、結局詐欺罪で刑務所行きになった。
공부방 【工夫房】	**❶ 少人数の生徒を集めてする家庭教師(塾)** 예문 아파트에서 초등학생을 대상으로 공부방을 하고 싶다. マンションで小学生を対象に塾を開きたい。 예문 최근 들어 공부방이 새로운 비즈니스 아이템으로 주목받고 있다. 最近、少人数の生徒を集めてする家庭教師が、新しいビジネスアイテムとして注目されていている。 **❷ 勉強部屋** 예문 공부방 환경을 좀 더 바꿔서, 집에 오면 공부하고 싶은 기분이 드는 방으로 꾸미고 싶습니다.

勉強部屋の環境をもう少し変えて、うちに帰ると勉強のやる気が起こる部屋にしたいです。

극장
【劇場】

映画館, 劇場

해설 일본에서는 '映画館(えいがかん)'은 영화를 보는 곳, '劇場(げきじょう)'는 연극이나 뮤지컬을 공연하는 곳으로 구분해서 사용한다.

예문 남자 : 내일은 어디서 만날까?

여자 : 이번에 재미있는 영화가 개봉했다니까 극장 앞에서 만나자.

男性：明日どこで会おっか?

女性：今おもしろい映画が上映中だから、映画館の前で待ち合わせしようよ。

예문 국내에서 초연하는 '햄릿' 공연을 보기 위해 극장 앞에는 일찍부터 많은 사람들이 줄을 섰다.

国内で初演の「ハムレット」の公演を見るために、劇場の前には早くから長蛇の列ができた。

기숙사
【寄宿舍】

寮

해설 일본에도 '寄宿舎(きしゅくしゃ)'라는 말이 있지만 일반적으로 '寮(りょう)'라고 한다.

예문 저희 학교는 기숙사에서 생활하는 것을 원칙으로 하고 있습니다.

我が校では、寮で生活することを原則としています。

예문 A : 조금만 더 놀고 가면 안 되니?
B : 정말 미안. 하지만 우리 학교 기숙사 규칙이 워낙 까다로워서 더 이상은 곤란해.

A：もうちょっと遊んでったら？
B：ほんとにごめん。うちの学校の寮の規則、すごい厳しくって、これ以上は無理っぽい。

나이트클럽
【night club】

韓国式ディスコ，韓国式クラブ

해설 일반적으로 일본에서 '나이트클럽'이라고 하면 고급의 이미지가 있다.

예문 요즘 한국 젊은이들 사이에서는 나이트클럽에 가서 춤추고 즐기는 것이 하나의 문화로 정착되어 있다.

最近、韓国の若者の間では、クラブに行って踊りを楽しむことが、ひとつの文化として定着している。

예문 리포터 : 성년의 날을 맞이해서 뭔가 꼭 해보고 싶은 일이 있나요?
시민 : 음…친구들이랑 나이트클럽에 가보고 싶어요.

リポーター：成人の日を迎え、何か必ずやってみたいことがありますか?
市民：うーん。友達と一緒にクラブに行ってみたいですね。

단독주택
【單獨住宅】

一戸建て

예문 과거에는 단독주택에서 사는 것이 부의 상징으로 여겨지곤 했다.

一昔前は、一戸建てで暮らすことが富の象徴として考(かんが)えられていた。

예문 A : 넌 아파트랑 단독주택 중 어느 쪽이 더 좋니?

B : 단독주택! 어릴 때부터 정원이 있는 단독주택에서 사는 게 내 꿈이었어.

A : マンションと一戸建(いっこだ)てじゃ、どっちがいい?

B : 一戸建(いっこだ)て! 小(ちい)さい時(とき)から、庭付(にわつ)きの一戸建(いっこだ)てに住(す)むのが私(わたし)の夢(ゆめ)だったんだ。

독서실 【讀書室】

有料自習室(ゆうりょうじしゅうしつ), 学生(がくせい)たちが勉強(べんきょう)のために借(か)りる施設(しせつ)

해설 일본은 한국과 비교해서 많지 않다.

예문 영희 엄마 : 수민 엄마, 무슨 고민 있어요?

수민 엄마 : 요즘 우리 수민이가 독서실에 간다고 거짓말을 하고는 오락실에서 놀기만 해서 큰일이에요.

ヨンヒの母(はは) : 奥(おく)さん、何(なに)か悩(なや)みがあるんですか?

スミンの母(はは) : 最近(さいきん)、スミンが自習室(じしゅうしつ)に行(い)くと嘘(うそ)をついてはゲームセンターで遊(あそ)んでばかりいて大変(たいへん)なんですよ。

예문 학생이 독서실에서 보내는 시간과 학업 성취도가 반드시 비례하는 것은 아니다.

学生(がくせい)が自習室(じしゅうしつ)で過(す)ごす時間(じかん)と学業(がくぎょう)の達成度(たっせいど)が必(かなら)ずしも比例(ひれい)するわけではない。

마트 【mart】▲

スーパー【supermarket】, 大型(おおがた)スーパー, 大型量販店(おおがたりょうはんてん)

예문 저희 마트는 늦게 귀가하는 맞벌이 부부들을 위해 영업 시간을 새벽까지 연장하기로 하였습니다.

私どものスーパーは、帰宅時間の遅い共稼ぎのご夫婦のために、営業時間を明け方まで延長することにいたしました。

예문 남편 : 장보러 어디로 갈 거예요?

부인 : 식료품은 마트보다 시장이 더 싸니까 거기로 갈 거예요.

夫：買い物どこに行く？

妻：食料品はスーパーより市場の方がもっと安いから、市場に行こうと思って。

빌라
【villa】

アパート【apartment house】

해설 'ビラ'라고 하면 일본 사람들은 'ちらし'(전단지)를 떠올린다.

예문 그 동네는 빌라가 밀집된 곳으로 유명하다.

その町はアパートが密集した地域として有名だ。

예문 어느 유명 연예인이 교외에 빌라 한 채를 지어 별장으로 이용한다는 소식이 알려져 화제가 되고 있다.

ある有名芸能人が、郊外にアパート1棟を作って、別荘として使っているという噂が広まって話題になっている。

산후조리원
【産後調理院】

産後に養生する施設, 産褥入院

해설 일본에서는 한국만큼 이런 시설이 많지 않다.

예문 한국에서는 요즘 출산 후 산후조리원을 찾는 사람들이 많이 늘었다.

韓国では最近、出産後に「産後養生院」に行く人がかなり増えた。

예문 굳이 산후조리원에 가지 않아도 충분한 산후조리를 할 수 있는 방법은 많다.

あえて産褥入院しなくても、十分な産後の養生ができる方法はたくさんある。

수영장, 풀장
【水泳場, pool場】

プール【pool】

예문 미국 영화에서처럼 풀장이 딸린 집에서 산다면 얼마나 근사할까!

アメリカ映画のように、プール付きの家に住めるとしたら、どんなにすてきだろう！

예문 친구A : 나 요즘 살찐 것 같아.

친구B : 그래? 그럼 다음주부터 나랑 같이 운동하러 수영장에 가지 않을래?

友人A：私最近太ったみたい。

友人B：そう？それじゃ、来週から一緒に運動しにプール行かない？

쉼터

休憩所, 憩いの場, 保護施設

예문 이 백화점에서는 노약자가 쉴 수 있는 쉼터를 마련했다.

このデパートでは、お年寄りや体の不自由な人が休める休憩所を設置した。

예문 얼마 전 인기 가수 A씨가 가출 청소년들이 기거하는 쉼터에서 크리스마스 기념 무료 콘서트를 열었다는 소식이 알려져 큰 화제가 되었다.

先日、人気歌手のA氏が、家出少年が寝起きする保護施設で、クリスマス記念無料コンサートを開いたというニュースが広まり、大きな話題となった。

슈퍼
【supermarket 】

商店

해설 동네에서 볼 수 있는 작은 규모의 가게. 일본에서 'スーパー'라고 하면 대규모 점포인 'スーパーマーケット【supermarket】'을 말한다.

예문 요즘은 대형마트들의 등장으로 소규모 슈퍼들이 고전을 면치 못하고 있다.

最近は大型スーパーの登場で、小さな商店が苦戦を強いられている。

예문 남편 : 여보, 나 담배 사러 슈퍼 갔다 올게.

부인 : 아, 그럼 가는 김에 간장도 좀 사다 줄래요?

夫 : 母さん、タバコ買いに商店行ってくるから。

妻 : あ、それじゃついでに、醤油も買ってきてくれない?

시내
【市內】

❶ 市内

예문 이번에 마을에 하나 남은 분교가 폐교가 된 탓에 학생들은 멀리 시내까지 등하교를 하게 되었다.

今回、村に一校しかなかった分校が廃校になったため、生徒たちは遠い市内まで登下校をすることになった。

❷ 町、都市のにぎやかな場所、商業地域や繁華街

해설 일본사람에게 '번화가에 가자'는 뜻으로 '市内(しない)に行

(い)こう'라고 하면 의미가 전달되지 않는다. '명동', '인사동' 등과 같이 구체적인 지명을 넣어서 말하는 것이 좋다.

예문 오늘 시내 나가서 쇼핑하자.

今日(きょう)は町(まち)に行(い)って買(か)い物(もの)しよう。

시장
【市場】

❶ 市場(いちば)

해설 'いちば'와 'しじょう'의 차이 : '市場(いちば)'는 음식물, 생활용품등을 파는 장소이고 소규모 이미지이고, '市場(しじょう)'는 '青果(せいか)市場(しじょう)'〈청과시장〉 등 대규모 이미지다. 또 '金融(きんゆう)市場(しじょう)'〈금융시장〉 등 경제용어로도 사용된다.

예문 재래 시장에는 값싸고 좋은 물건이 많다.

地元(じもと)の市場(いちば)には安(やす)くていい物(もの)が多(おお)い。

예문 아이 : 엄마, 어디 가세요?

엄마 : 응, 장보러 시장에 갔다올 테니까, 집 잘 보고 있거라.

子(こ)ども：お母(かあ)さん、どこか行(い)くの？

母(はは)：うん。買(か)い物(もの)しに市場(いちば)に行(い)ってくるから、留守番(るすばん)ちゃんとしてるのよ。

❷ 市場(しじょう)

예문 A제약의 '감기OK'는 감기약 시장에서 1위를 지켜온 대한민국 대표 감기약이다.

A製薬(せいやく)の「カゼOK」は、風邪薬(かぜぐすり)市場(しじょう)で首位(しゅい)を守(まも)ってきた、韓国(かんこく)の代表的(だいひょうてき)な風邪薬(かぜぐすり)だ。

시청 【市廳】

市役所

해설 일본의 행정구역은 都道府県(とどうふけん)으로 되어 있다. 県庁(けんちょう)= 현청, 区役所(くやくしょ)= 구청, 役場(やくば)= 町 · 村 등의 지방 자치 단체의 사무소

예문 시청에 대해 정의하자면, 각 시의 전반적인 행정 업무 및 실무를 담당하는 기관이다.

市役所を定義するなら、各市の全般的な行政 業務および、実務を担当する機関だ。

예문 A : 운동을 좀 하고 싶은데 뭘 해야 할지 모르겠어요

B : 요즘 시청에서 무료 배드민턴 교실을 열었다던데 거기에 한 번 가 보는 건 어때요?

A : 運動をしたいんですが、何をしたらいいのかわかりません。

B : 最近、市役所で無料バドミントン教室があるらしいので、そこに一度行ってみてはいかがですか?

식당 【食堂】

食堂, レストラン

해설 일본에서 '食堂(しょくどう)'라고 하면 대중적인 음식점의 이미지고, 'レストラン'이라고 하면 서양요리 음식점의 이미지다.

예문 그 사람의 취미는 주말에 값싸고 맛있는 음식을 파는 식당을 찾아 다니는 것이다.

その人の趣味は、週末に安くておいしい食堂を食べ歩きすることだ。

예문 A : 와, 이 식당 사람 정말 많다!

B : 응, 이 식당이 TV에서 소개될 정도로 음식이 맛있대.

A : わあ、このレストラン、人(ひと)が本当(ほんとう)に多(おお)いね！

B : うん、このレストラン、テレビで紹介(しょうかい)されるぐらいおいしいんだって。

실버타운 【silver town】

お年寄(としよ)りが集(あつ)まって生活(せいかつ)できる老人用居住地域(ろうじんようきょじゅうちいき)や団地(だんち)

예문 한국에서는 평균 수명의 증가, 핵가족화 등의 원인으로 최근 실버타운의 수가 급증하고 있다.

韓国(かんこく)では、平均寿命(へいきんじゅみょう)の上昇(じょうしょう)、核家族化(かくかぞくか)などの要因(よういん)により、最近(さいきん)「シルバータウン」の数(かず)が急増(きゅうぞう)している。

예문 A : 이번 여름 방학에 뭐할 거야?

B : 응, 가족들끼리 실버타운에 봉사활동 가기로 했어.

A : 今度(こんど)の夏休(なつやす)み、何(なに)するの？

B : うん、家族(かぞく)で、お年寄(としよ)りの団地(だんち)に、ボランティアに行(い)くことにしたんだ。

아파트 【apart】▲

マンション【mansion】

해설 일본의 ‘アパート’는 2층 정도로, マンション보다 임대료도 비교적 싼 공동 주택을 말한다.

예문 아파트 가격이 급등하면서 신혼집을 미처 장만하지 못한 연인들이 결혼을 미루는 일이 잦아졌다.

マンション価格(かかく)が急騰(きゅうとう)し、新居(しんきょ)を準備(じゅんび)できないカップルが、結婚(けっこん)を先送(さきおく)りすることが多(おお)くなった。

예문 의회에서는 그 지역의 낡은 건물들을 모두 헐고, 고층 아파트를 세우기로 합의했다.

議会では、この地域の古い建物を全部壊して、高層マンションを建てることに合意した。

애완용품점
【愛玩用品店】

ペットショップ【pet shop】

예문 애완동물을 기르는 사람들의 수가 증가하면서 애완용품점의 숫자도 부지기수로 늘어나고 있다.

ペットを育てる人の数が増加するとともに、ペットショップの数もかなり増えてきている。

예문 A : 우리 집 강아지 사료가 다 떨어져서요. 괜찮은 애완용품점이 있나요?

B : 사거리에 있는 애완용품점이 사료 값이 저렴하고 질도 좋대요.

A : うちの子犬のエサが全部なくなったんですが。いいペットショップありますか?

B : 交差点のとこにあるペットショップが、エサの値段が安くて質もいいんですって。

양로원
【養老院】

老人ホーム【-home】

해설 일본에서도 옛날에는 '養老院(ようろういん)'이라고 했다.

예문 말하자면 양로원이란 나이든 어르신들의 놀이터 같은 곳이라고 생각할 수 있겠습니다.

言ってみれば、老人ホームというのは、年配の方の遊び場のようなところだと考えられます。

예문 일본에서는 거동이 불편한 노인의 경우 노인요양시설인 '**老人ホー**

ム'에 들어가는 경우가 많아요.

日本では、体が不自由なお年寄りは、高齢者の療養施設である「老人ホーム」に入る場合が多いです。

여관
【旅館】

旅館, 和式の設備がある宿

해설 한국에서는 모텔보다 싼 숙소의 이미지가 있지만, 일본에서는 호텔급에 해당하는 비싼 숙소도 포함된다. 특히 온천이 있는 곳에는 여관에서 숙박하면 맛있는 일본의 전통식사와 온천을 동시에 즐길 수 있다.

예문 유나 : 료코 씨, 일본의 시즈오카에 여행 가려고 하는데, 전통 여관을 추천해주세요.

료코 : 이즈에 있는 온천여관인 '후지료칸'이라는 곳이 좋아요. 일본적인 느낌이 강해서 외국인에게 좋을 것 같아요.

ユナ : 良子さん、静岡に旅行に行こうと思っているんですが、伝統のある旅館を教えてくれませんか。

良 子 : 伊豆にある温泉旅館で、富士旅館ってとこがおすすめですよ。日本的な感じが強くて、外国人にはいいと思いますよ。

예문 A : 유럽 배낭 여행은 어땠어?

B : 비록 싸구려 여관에서 묵기는 했지만 정말 즐거웠어.

A : ヨーロッパのバックパック旅行はどうだった?

B : 安い宿に泊まったんだけど、本当に楽しかったよ。

옥탑
【屋塔】

屋上に作った部屋や家

예문 옥탑은 건물 옥상에 지어진 작은 집으로 한국에만 존재하는 독특한 가옥 형태이나.

「옥탑」は、建物の屋上に建てられた小さい家で、韓国にしかない独特の家屋の形態である。

예문 이 옥탑 방은 여름만 되면 마치 찜통 속에 있는 것처럼 무덥다.

この屋上の部屋は、夏になると、まるで蒸し鍋の中にいるように蒸し暑い。

우주 정거장
【宇宙停車場】

宇宙ステーション

예문 우주 정거장이란 지구의 주변을 도는 유인 인공위성을 말한다.

宇宙ステーションとは、地球の周りを回る有人人工衛星のことをいう。

예문 A : 물리 천재 홍길동 군, 장차 꿈이 뭔가요?

B : 제 꿈은 우주 정거장의 연구원이 되어, 우주의 신비에 대해 보다 깊이 연구하는 것입니다

A : 物理の天才、ホン・ギルドン君、将来の夢は何ですか?

B : 僕の夢は、宇宙ステーションの研究員になって、宇宙の神秘について深く研究することです。

이륜차주차장
【二輪車駐車場】

駐輪場

해설 일본에서는 이륜차에 대해 '駐車場(ちゅうしゃじょう) : 주차

장'이란 단어를 쓰지 않는다.

예문 저희 아파트는 일반 자동차 주차장 외에도 이륜차 주차장을 별도로 설치하여 제공하고 있습니다.

私(わたくし)どものアパートは、駐車場(ちゅうしゃじょう)の他(ほか)にも、駐輪場(ちゅうりんじょう)を別途(べっと)設置(せっち)、提供(ていきょう)しております。

예문 여자 : 너 왜 그렇게 화가 나있니?

남자 : 내가 어제 이륜차 보관소에 주차해둔 오토바이를 누가 훔쳐갔어.

女性(じょせい) : どうしてそんなに怒(おこ)ってんの?

男性(だんせい) : 昨日(きのう)、駐輪場(ちゅうりんじょう)にとめといたバイクを誰(だれ)かに盗(ぬす)まれたんだ。

정거장
【停車場】

バス停(てい), バスの停留所(ていりゅうじょ)

참고

버스 정류소	バス停(てい)
버스 타는 곳	バス乗(の)り場(ば)
버스 승강장	バス乗降場(じょうこうじょう)
택시 정류소	タクシー乗(の)り場(ば)

예문 부산역 1번 출구 쪽에 있는 버스 정거장에서 내리고 싶어요.

プサン駅(えき)の1番(ばん)出口(でぐち)の方(ほう)にある、バス停留所(ていりゅうじょ)で降(お)りたいです。

족욕탕
【足浴湯】

足湯(あしゆ)

예문 저희 목욕탕에서는 앞으로 일주일간 노천 족욕탕을 무료로 제공해 드립니다.

うちの銭湯では、これから一週間、露天の足湯を無料でご提供します。

예문 A : 아침부터 몸이 으슬으슬한 게 감기가 오려나봐.

B : 그럴 땐 족욕탕에 발을 담그고 몸을 따뜻하게 해주는 편이 좋아.

A：朝から体がぞくぞくして、風邪ひきそう。

B：そんな時には足湯に足をつけて、体を暖かくした方がいいよ。

천원샵 【千-shop】

千ウォンショップ

해설 일본에서는 '百円均一(ひゃくえんきんいつ)の店(みせ)' (100엔 균일가), '百円(ひゃくえん)ショップ' (100엔숍), 또는 줄여서 '百均(ひゃっきん)'이라고 한다.

예문 천원샵은 값싼 물건들로 소비자들의 충동구매를 유도한다.

1000ウォンショップは、値段の安さで、消費者の衝動買いを引き起こす。

예문 A : 이 귀여운 슬리퍼를 천원샵에서 천 원에 팔고 있더라구요! 신이 나서 세 켤레나 사와 버렸어요.

B : 와, 횡재하셨네요! 저도 한 번 가봐야 겠어요.

A：このかわいいスリッパ、1000ウォンショップで売ってましたよ。調子に乗って三足も買っちゃいました。

B：わあ、いい買い物しましたね！ 私も一度行ってみなきゃ。

패밀리 레스토랑 【family restaurant】

ファミリーレストラン【family restaurant】▲, ファミレス

해설 일본에서는 고급레스토랑의 이미지는 없고, 가족끼리 부담 없이 갈 수 있는 식당을 말한다.

예문 이 패밀리 레스토랑은 서비스도 좋고, 경치도 좋아서 상당히 인기가 있다.

このファミリーレストランはサービスがいいし、景色(けしき)もよくて非常(ひじょう)に人気(にんき)がある。

예문 남편 : 이번 주 주말은 패밀리 레스토랑에 가서 외식이나 할까?
아내 : 안 돼, 지난 달도 외식비 때문에 적자였단 말이야

夫(おっと)：今週(こんしゅう)の週末(しゅうまつ)はファミレスに行(い)って外食(がいしょく)でもしようか?

妻(つま)：だめよ、先月(せんげつ)も外食代(がいしょくだい)のせいで赤字(あかじ)だったのよ。

피시방 【PC房】

インターネットカフェ【internet + cafe】, ネットカフェ, ネカフェ

해설 'PC방 증후군'이란 PC방에서 오랜 시간 게임을 하다 숨지는 현상을 말한다.

インターネットカフェ症候群(しょうこうぐん)というのは、ネットカフェで長時間(ちょうじかん)ゲームをして亡(な)くなる現象(げんしょう)をいう。

예문 A : 너 어디가?
B : 응, 집에 컴퓨터가 고장 나서 지금 숙제 하러 PC방 가.

A：どこ行(い)くの?

B：あ～、家(うち)のパソコンが壊(こわ)れたから、今宿題(いましゅくだい)し

にネカフェ行くとこ。

한의원
【韓醫院】

韓医院，韓方医院

해설 일본의 '漢方医院(かんぽういいん)'에 해당한다.

예문 한국에서는 한방의 인기가 높아짐에 따라 한의원을 찾는 환자 수도 늘고 있다.

韓国では韓方の人気が高まるにつれ、韓医院に通う患者数が増加している。

예문 A： 어제 빙판길에서 넘어져서 발을 삐끗했어요.

B： 상당히 많이 부었네요. 한의원 가서 침이라도 한 대 맞는 편이 좋겠어요.

A：昨日凍った道で転んで、足をくじいてしまったんです。

B：相当腫れてますね。韓方医院に行って、針でも打ってもらったほうがよさそうですね。

할인매장
【割引賣場】

ディスカウントショップ【discount shop】，安売り店

예문 대형 할인매장에서는 값싸고 질좋은 물건들을 대량으로 공급하고 있다.

安売り店では、安くて質のいい物を大量に供給している。

예문 A： 어디 가세요?

B： 아, 사거리에 있는 할인매장에서 전 품목 30% 할인 행사를 하고 있다고 해서 거기 가는 중이에요.

A：どこか行くんですか？

B：あ、交差点にあるディスカウントショップで

全商品30パーセント割引セールしてると聞いたもので、そこに行くとこなんです。

행정실
【行政室】

事務室, 教 務部, 総務課

해설 일본어로 행정실이라는 말은 경우에 따라 다르게 표현한다.

참고 〈초,중,고〉학교 행정실 〈小・中・高〉学校の事務室

대학교 행정실 大学の教務部

박물관 행정실 博物館の総務課

예문 학생들은 행정실에 새 강의를 마련해 달라고 요청했다.
学生たちは事務室に、講義を開設してくれと要請した。

호스트바
【host bar】▲

ホストクラブ【host club】△

예문 영화 '비스티보이즈'는 호스트바에서 일하는 두 젊은이에 관한 이야기를 담은 작품이다.
映画『ビースティー・ボーイズ』は、ホストクラブで仕事をする二人の若者についてのストーリーだ。

예문 대학 등록금을 벌기 위해 호스트바와 같은 유흥 업소에서 아르바이트하는 학생들이 늘고 있어 문제다.
大学の授業料を稼ぐために、ホストクラブのような水商売の店でアルバイトする学生が増加していて問題だ。

횟집

刺身専門店, 新鮮な海鮮 料 理を出す店

해설 일본에서는 한국과 같은 스타일의 가게는 없고, '日本料理屋(にほんりょうりや)' '割烹(かっぽう)'가 제일 가깝다.

예문 해수욕장 근처에는 비슷비슷한 횟집들이 즐비해 있다.

海水浴場の近くには、似たような刺身の店が並んでいる。

예문 일본인 : 이번 휴가 때 한국으로 놀러 가기로 했는데, 추천해줄 만한 음식 있나요?

한국인 : 음… 혹시 부산에 가게 되면 횟집은 꼭 한 번 들르는 게 좋아요. 회가 아주 싱싱하거든요.

日本人 : 今度の休みに、韓国に遊びに行くことにしたんだけど、何かおススメの食べ物ありますか?

韓国人 : うーん... もしプサンに行くんなら、刺身の店には一度は必ず行ったほうがいいです。刺身がとても新鮮ですよ。

9 Chapter

사람 人(ひと)

9 사람 _人(ひと)

거지
【乞食】

ホームレス【homeless】, 浮浪者(ふろうしゃ)

해설 일본에서 '乞食(こじき), 浮浪者(ふろうしゃ)'는 차별용어다.

예문 번화가에는 가끔 거리에서 거지가 자고 있다.
繁華街(はんかがい)の道路(どうろ)には、時々(ときどき)ホームレスが寝(ね)ている。

예문 거지가 처음부터 거지는 아니었을 것입니다. 경제적 여건이나 사업실패 등 여러 가지 이유가 있겠죠.
ホームレスは、初(はじ)めからホームレスではなかったはずです。経済的(けいざいてき)な事情(じじょう)や事業(じぎょう)の失敗(しっぱい)など、いろいろ理由(りゆう)があるでしょう。

공익근무
【公益勤務】

軍隊(ぐんたい)の代(か)わりに、自宅(じたく)から通(かよ)いながら、郵便局(ゆうびんきょく)・裁判所(さいばんしょ)などで仕事(しごと)をすること。

예문 그는 병역을 대체하기 위해 법원에서 공익근무를 하고 있다.
彼(かれ)は兵役(へいえき)の代(か)わりに、家(いえ)から通(かよ)いながら、裁判所(さいばんしょ)で仕事(しごと)をしている。

예문 지하철역의 공익근무요원은 할머니의 무거운 짐을 들어주었다.
地下鉄(ちかてつ)の駅(えき)の公益勤務要員(こうえききんむよういん)は、おばあさんの重(おも)い荷物(にもつ)を持(も)ってあげた。

공주병
【公主病】

ぶりっ子(こ), ナルシスト【narcissist】の女性(じょせい)

예문 공주병이 있는 그녀를 모두들 손가락질했다.

ぶりっ子(こ)の彼女(かのじょ)を、みんなが批判(ひはん)した。

예문 그녀는 공주병에 빠져 손거울을 놓지 못한다.

彼女(かのじょ)はナルシストで、手鏡(てかがみ)を手放(てば)すことができない。

광
【-狂】

マニア【mania】, 명사+好(ず)き, おたく, 熱狂的(ねっきょうてき)な

해설 영화광=映画(えいが)マニア, 映画(えいが)好(ず)き ※게임광의 경우 일본에서는 프로 게이머라기보다는 애호가를 의미하는 경우가 많다. cf)광팬 熱狂的(ねっきょうてき)なファン

참고

애니메이션 광	アニメおたく
야구광	熱狂的(ねっきょうてき)な野球(やきゅう)ファン
게임광	ゲームマニア(ゲーマー)

기사
【技士】

運転手(うんてんしゅ)

해설 일본어로 '技士(ぎし)'는 '기사'를 의미한다.

예문 택시기사인 그는 15년 무사고의 모범기사이다.

タクシー運転手(うんてんしゅ)の彼(かれ)は、15年(ねん)無事故(むじこ)の模範的(もはんてき)な運転手(うんてんしゅ)だ。

예문 재벌인 그는 개인 운전기사를 두고 있다.

財閥(ざいばつ)の彼(かれ)は、専属(せんぞく)の運転手(うんてんしゅ)を雇(やと)っている。

나레이터모델
【narrator model】

コンパニオン【companion】

예문 매장 개업으로 나레이터 모델이 홍보를 하고 있다.

店(みせ)がオープンしたので、コンパニオンがPRをしている。

예문 나레이터 모델이 나에게 상품을 설명해 주었다.

コンパニオンが私(わたし)に商品(しょうひん)を説明(せつめい)してくれた。

내 스타일
【-style】

❶ 私(わたし)のタイプ, 私(わたし)の好(この)み

예문 〈멋진 이성이 있을 때〉저 사람, 내 스타일이다.

〈かっこいい異性(いせい)がいた時(とき)〉あの人(ひと)、私(わたし)のタイプだ。

예문 남자A : 이시이는 여자친구한테 자기 스타일이 아니니까 헤어지자고 했대.

남자B : 정말? 그 여자애 엄청 예쁘지 않아?

男性(だんせい)A : 石井(いしい)は彼女(かのじょ)に、おまえは俺(おれ)のタイプじゃないから別(わか)れようって言(い)ったんだって。

男性B : 本当(ほんとう)?あの子(こ)すごいきれいじゃなかったっけ?

❷ 私(わたし)のスタイル

예문 여배우 : 다른 사람들의 말은 신경 쓰지 않고 이제는 제 스타일대로 연기할거예요.

女優(じょゆう) : 周(まわ)りの言(い)うことを気(き)にせず、これからは私(わたし)のスタイルで演技(えんぎ)します。

다문화가정 【多文化家庭】	**国際結婚をした夫婦, 国際結婚の家庭**

예문 농촌에는 다문화가족이 늘어나고 있다.

農村では国際結婚をする人たちが増えている。

예문 우리 집은 아버지가 필리핀인인 다문화가정이다.

うちの家は、父がフィリピン人の、国際結婚をした家庭だ。

당신 【當身】	**あなた**

주의 일본어로 あなた를 쓸 수 있는 경우는 '부부 사이', '광고문 등', '영어 you의 번역', '모르는 사람과 싸울 때'에 한하며, 초면인 사람에게는 안 쓰는 것이 좋다. 초면인 사람에게 이름을 물어보거나 할 때는 'あの…、お名前(なまえ)は…?', 'お名前(なまえ)をお伺(うかが)いしてもいいですか?' 등 'あなた'를 빼고 말하는 편이 좋다. 단, 문장에서는 あなた라는 말을 사용한다.

예문 직원A : 당신은 누구십니까?

스티브 : 저는 미국에서 온 영어교사 스티브라고 합니다.

職員A : どちら様でしょうか?

(×あなたはどなたですか?)

スティーブ : 私はアメリカから来た英語教師のスティーブと申します。

예문 아내 : 당신, 요즘 일하느라 피곤하지?

남편 : 정말 힘들다….

妻 : あなた、最近仕事で疲れているでしょう?

夫 : 本当に大変なんだ…。

예문 남자A : 야, 담배 피우지 마!

남자B : 당신이 뭔데요?

男性A：おい、タバコを吸うな！

男性B：あんたには関係ないでしょう。

예문 〈광고〉 Milky는 전 제품 무료배송으로 당신의 변신을 응원합니다.

〈広告〉Milkyは全製品送料無料で、あなたの変身を応援します。

예문 〈설문조사〉 1. 당신의 나이는? 2. 당신이 생각하는 일본 최고 배우는?

〈アンケート〉1. あなたの年齢は？ 2. あなたが日本で一番だと思う俳優は？

마마보이 【mama boy】

マザコン，マザーコンプレックス 【mother complex】 △

해설 ロリコン(ロリータ・コンプレックス【Lolita complex】)= 소녀에게 성적 매력을 느끼는 사람을 말한다.

예문 그는 뭔가를 결정할 때 무조건 엄마에게 물어보는 마마보이다.

彼は何かを決める時、必ず母親に聞くマザコンだ。

예문 남자 : 나는 엄마 없인 아무것도 할 수 없어.

여자 : 마마보이 아니야?!

男性：僕はお母さんなしじゃ何にもできない。

女性：マザコンじゃないの?!

막내

❶ 末っ子，一番下の子

예문 어머니는 마흔일곱에 막내를 낳으셨다.

母は、47歳で一番下の子を産んだ。

예문 그녀는 5남매 중에 막내라 식구들의 귀여움을 받으며 자랐다.

彼女は五人兄弟の末っ子なので、家族の愛を一身に受けて育った。

❷ 一番年下, 最年少

해설 일본에서 '末(すえ)っ子'는 가족에 대해서만 사용하므로 직장이나 모임 등에서 나이가 어리다고 해서 '막내야'라고 부르는 일은 없다.

예문 (대학의 동아리에서)타쿠야, 너는 이 동아리의 막내지?

〈大学のサークルで〉タクヤ、おまえこのサークルで一番年下だよな？

멘토 【mentor】

指導者, 助言者, 先生

예문 나의 유년시절 영어 멘토는 아버님이셨다.

私の幼少時代の英語の先生は父だった。

예문 오디션을 위해 지원자들에게 각각 멘토를 붙여주었다.

オーディションのために、志望者にそれぞれ指導者をつけた。

예문 돌이켜보면, 그는 나에게 있어 훌륭한 인생 멘토였다.

振り返ってみれば、彼は私にとってすばらしい人生の助言者だった。

몸치

運動音痴

해설 '音痴(おんち)'는 '노래를 잘 못 부르는 사람'이란 의미다. 그 외에도 '명사+音痴'는 '…을 잘 못 하는 사람'이란 뜻이다.

참고 음치 音痴(おんち)

길치 方向音痴(ほうこうおんち)

기계치 機械音痴(きかいおんち)

컴맹 パソコン音痴(おんち) /パソコンが苦手(にがて)な人(ひと)

못 생겼다

ブサイクだ

예문 그의 여자친구는 못생겼다.

彼(かれ)の彼女(かのじょ)は、ブサイクだった。

예문 사춘기가 지난 내 동생은 못생겨졌다.

思春期(ししゅんき)を過(す)ぎて妹(いもうと)は、かわいくなくなった。

미혼모
【未婚母】

シングルマザー 【single mother】

예문 요즘 학생 미혼모가 늘어나고 있어 심각한 문제이다.

最近学生(さいきんがくせい)のシングルマザーが増(ふ)え、深刻(しんこく)な問題(もんだい)だ。

예문 미혼모인 그녀는 홀로 아들을 키웠다.

シングルマザーである彼女(かのじょ)は、女手(おんなで)ひとつで息子(むすこ)を育(そだ)てた。

바바리맨
【Burberry man】▲

露出狂(ろしゅつきょう)

예문 ○○여고에 바바리맨이 나타났다.

○○女子高(じょしこう)に露出狂(ろしゅつきょう)が現(あらわ)れた。

예문 바바리맨은 갑자기 자신의 바바리를 펼쳐 보였다.

露出狂は突然自分のコートを広げて見せた。

백이 있다
【back-】

❶ **コネがある** ※コネ【connection】

예문 나는 백으로 이 회사에 입사했다.

私はコネでこの会社に入った。

❷ **影響力がある人が背後にいる**

예문 백이 있는 그 신입사원은 부장님 말을 잘 듣지 않는다.

バックがついてるあの新入社員は、部長の話をあまり聞かない。

백수/백조
【白手/白鳥】

就職/アルバイトをしていない人, プータロー, プー〔俗〕

해설 ニート【NEET】 = 교육을 받지도 않고, 노동이나 직업훈련도 하지 않고 있는 15~34세 정도의 젊은이. 就職浪人(しゅうしょくろうにん)= 학교졸업 후, 취직하고 싶은데 못한 사람.

예문 너는 백수생활이 지겹지도 않니? 빨리 취직해!

あんたプータロー生活飽きないの？早く就職しなよ。

예문 나는 졸업한지 3년이 지났지만 집에서 게임만 하고 있는 백조이다.

私は卒業して3年経ったのに、うちでゲームばかりしているプーだ。

보험설계사
【保険設計者】

保険のセールスレディ, 保険外交員, 保険屋さん

예문 보험설계사가 우리 집에 와서 보험상품을 설명해 주었다.

保険屋さんがうちに来て、保険商品を説明してくれた。

예문 보험을 들려 하는 엄마는 보험설계사의 설명을 듣고 더욱 고민했다.

保険に入ろうとしている母は、保険外交員さんの説明を聞いて、さらに悩んだ。

사장님 【社長-】

❶ 社長

해설 일본에서는 재래시장에 있는 가게나 식당 등 작은 가게의 주인에 대해는 '社長(しゃちょう)〈사장〉'이란 표현을 하지 않고, '店長(てんちょう)' 또는 '主人(しゅじん)〈주인〉'이라고 한다. 결론적으로 기업 또는 회사의 사장에게만 '社長(しゃちょう)'라고 부른다.

예문 A사는 대표이사 사장에 윤선중 씨를 선임했다.

A社は代表取締役社長に、ユン・ソンジュン氏を選任した。

❷ 店長、主人

예문 〈술집에서〉

손님: 사장님, 맥주하고 소주 한 병씩 주세요.

주인: 소주잔은 몇 개 드릴까요?

〈居酒屋にて〉

客: 店長、ビールと焼酎、一本ずつちょうだい。

店長: 焼酎のコップは、いくつお持ちしましょうか?

심부름센터
【－center】

便利屋(さん)

예문 심부름센터에서 우리 집의 이사를 도우러 왔다.
便利屋さんが、うちの引越しを手伝いにきた。

예문 우리 회사는 건물 유지보수를 위해 심부름센터를 이용한다.
うちの会社は建物のメンテナンスのために便利屋を利用する。

아침형인간
【-型人間】

朝型人間

해설 반대로 올빼미형 인간은 '夜型人間(よるがたにんげん)'.

예문 요즘은 아침형 인간보다 올빼미형 인간이 늘어나고 있다.
最近は、朝型人間より夜型人間が増えている。

예문 아침 일찍 신문배달을 하는 그는 아침형 인간이다.
朝早く新聞配達をする彼は、朝型人間だ。

앵커
【anchor】

ニュースキャスター【newscaster】

예문 앵커는 오늘의 주요 뉴스를 보도했다.
ニュースキャスターは今日の主なニュースを報道した。

예문 '뉴스 today' 앵커 김현미 씨가 10일, 도교대학교에서 강연했다.
「ニュースtoday」のキャスター、キム・ヒョンミ氏が10日、東京大学で講演した。

어른

❶ 大人，成人

해설 일본어로 '大人(おとな)'는 주로 ①의 의미로 사용하기 때문에, ②의 뜻으로 사용하면 일본인은 이해를 못한다.

예문 스무살이면 이제 어른이다.

20歳はもう大人だ。

❷ 目上の人，年を取った人，立場が上の人

예문 조카 : 언제까지 그렇게 술만 마시고 있어요?

삼촌 : 어른 앞에서 못하는 말이 없구나.

甥：いつまでそうやって酒を飲んでるつもり？

叔父：目上の者(×大人)によくもそんな物の言い方ができるな。

얼짱

<남자에게만>**イケメン，美形**

예문 일본 여성들에게 한국의 얼짱 배우가 인기입니다.

日本の女性に、韓国のイケメン俳優が人気です。

예문 여자A : 야야, 봐봐. 저 사람 완전 얼짱이다!

여자B : 어디 어디? 우와~ 정말이다. 아, 저 사람 그러고 보니 아이돌이잖아.

女性A：ねぇねぇ、見て。あの人、超美形じゃない？

女性B：どこどこ？わーほんとだ。あっ、あの人そういえば確かアイドルだよ。

엄친딸(아)	完璧な、理想的な女性(男性)

예문 남자A : 내 친구는 이번 시험에서 만점도 받고, 인기투표도 1등 했어.

남자B : 와~ 그 친구 완전 엄친딸이네~!

男性A : 僕の友達は、今回の試験で満点をとって、人気投票も1位だった。

男性B : わー、その人、超完璧だね。

예문 그는 공부도 잘하고, 얼굴도 잘 생기고, 어른들에게도 칭찬을 많이 받는 엄친아다.

彼は、勉強もできて、顔もよくて、目上の人からもよく賞賛される、理想的な男だ。

여자/남자 【女子/男子】	女, 女性, 女の人, 女子 男, 男性, 男の人, 男子

해설 '女(おんな)'라는 말은 여성 개인을 가리킬 경우에는 난폭한 말투가 되므로 주의해야 한다. 그러나 회화라도 일반적인 여자라는 존재를 가리킬 경우엔 '女(おんな)'라고 해도 된다. '男(おとこ)'의 쓰임새도 마찬가지다.

예문 A : 저 여자가 신고 있는 부츠, 귀엽다.

B : 정말이네.

A : あの女の人(×あの女)がはいているブーツ、かわいい。

B : 本当だね。

예문 A : 남자와 여자 사이에 우정이 가능하다고 생각하세요?

B : 불가능하진 않겠죠.

A：男と女の間で、友情って可能だと思いますか？

B：不可能ではないでしょう。

예문 나는 좋아하는 여자를 만나서 결혼하고 싶다.

僕は好きな女性と出会って結婚したい。

예문 그 여자 가수는 가창력이 뛰어나다.

あの女性歌手は歌唱力がずば抜けている。

참고 여자화장실 女子トイレ

여직원 【女職員】

女性社員，会社の女の子，OL

해설 OL(=office lady ※일본식 영어)은 보통 직무가 없는 여자 평사원을 가리킨다.

예문 우리회사의 특성상, 여직원의 수가 많다.

うちの会社の特性上、女性社員の数が多い。

예문 남자A：가끔 동료 여직원이랑 둘이서 점심을 먹으러 가는데, 내가 유부남이라서 가면 안 좋을까?

남자B：아니야, 나도 가끔 같이 밥 먹으러 가.

男性A：たまに会社の女の子と二人で昼飯を食べに行くけど、オレは結婚してるし、やめた方がいいかな？

男性B：いや、オレも時々、一緒に食べに行くよ。

예문 'Accounting'는 경리 실무를 맡고 있는 여직원들의 모임입니다.

'Accounting'は、経理を担当している0Lの集まりです。

연예인
【演藝人】

芸能人

예문 요즘은 연예인이 되고 싶어하는 청소년이 많다.

近頃は、芸能人になりたがる若者が多い。

예문 연예인은 화려함 속에서 고독을 느끼는 직업이다.

芸能人は、華やかな世界にいながらも孤独を感じる職業だ。

왕초보
【王初步】

全くの初心者, ド素人

예문 그는 요리에 있어서 왕초보다.

彼は料理においては、全くの初心者だ。

예문 이런 것도 못하고 넌 정말 왕초보구나.

こんなこともできないなんて、あんたってほんとド素人だね。

요리사
【料理師】

料理人

해설 양식요리사는 'シェフ'【chef】, 일식은 '職人(しょくにん)' 또는 '板前(いたまえ)' 라고 부른다. 보통 '料理人(りょうりにん)' '調理師(ちょうりし) '라고 하면 조리사 면허가 있는 요리사를 가리킨다.

예문 그녀는 어릴 적에 꼬마 요리사로 유명했었다.

彼女は子どもの時に、ちびっこ料理人として有名だった。

예문 나의 꿈은 최고급 레스토랑의 요리사가 되는 것이다.

私の夢は、最高級レストランのシェフになることです。

유부남
【有婦男】

既婚男性, 結婚している男性 ↔ 既婚女性〈유부녀〉

해설 '既婚男性(きこんだんせい)'라는 말은 회화에서는 사용하지 않는 문어체 말투다.

예문 그는 총각 같아 보이지만 실은 유부남이다.
彼は独身のように見えるけど、実は結婚している。

A : 너희 언니 정말 예쁘더라. 소개시켜 주면 안될까?
B : 우리 언니 유부녀야.
A : おまえの姉ちゃん、ほんとかわいいね。ちょっと紹介してくれない?
B : うちのお姉ちゃん結婚してるって。

예문 우리 반 담임선생님은 다음달이면 결혼해서 유부녀가 된다.
うちのクラスの担任の先生は、来月結婚して奥さんになる。

은둔형 외톨이
【隱遁型-】

引きこもり

예문 아들은 집에서 나올 생각을 하지 않는 은둔형 외톨이다.
息子は家から出ようとしない、引きこもりだ。

예문 집에서 퍼즐에 열중하다 보니 은둔형 외톨이가 된 기분이다.
うちでパズルに夢中になってたら、自分が引きこもりのように思えてきた。

이상형 【理想型】	**理想の人, タイプ**
	예문 나의 이상형은 웃는 게 멋진 남자다. 私のタイプは、笑顔が素敵な男性だ。 예문 회원 가입하면 자신이 원하는 이상형을 찾을 수 있다. 会員登録すれば自分の理想の人を探すことができる。
일행 【一行】	**行動を共にしている人, グループ, 一行, 連れ**
	예문 저기 있는 사람들은 모두 제 일행입니다. あそこにいるのはみんな私の連れです。 예문 그는 일행에서 혼자 이탈하여 친구를 찾으러 갔다. 彼はグループから一人離れて友達を探しに行った。
자원봉사자 【自願奉仕者】	**ボランティア**【volunteer】
	예문 그녀는 양로원에서 자원봉사자로 일하고 있다. 彼女は老人ホームで、ボランティアとして働いている。 예문 걷기대회 자원봉사자를 모집하고 있습니다. ウォーキング大会のボランティアを募集しています。
자해공갈 【自害恐喝】	**当り屋** (※자동차사고에만 쓰인다)
	예문 보험사기를 노리는 자해공갈단이 늘어나고 있다.

사람

保険詐欺を狙う当たり屋が増えている。

예문 보험회사는 자해공갈에 대해 고심하고 있다.
保険会社は、当たり屋に手を焼いている。

전 남친
【前男親】

元カレ ↔ 元カノ 〈전 여친〉

예문 길을 가다 우연히 전 남자친구와 마주쳤다.
道を歩いていると、元カレにばったり出くわした。

예문 뛰어난 화가가 된 그는 나의 전 남자친구이다.
優れた画家になった彼は、私の元カレだ。

접시 닦기

皿洗い, 皿洗いをする人

예문 나는 일본에 와서 접시 닦기 아르바이트를 하고 있다.
僕は日本に来て、皿洗いのバイトをしている。

예문 접시 닦기를 하는데도 요령이 있다.
皿洗いをするのにもコツがある。

제자
【弟子】

弟子, 教え子

해설 교육에 관한 단어에서는 '弟子(でし)'보다 '教(おし)え子(ご)'를 자주 사용한다.

예문 스승의 가르침을 따르는 것이 제자의 도리이다.
師匠の教えに従うのは、弟子の務めだ。

예문 물리학의 대가인 그는 나를 제자로 받아주었다.

物理学の大家である彼は、私を教え子として受け入れてくれた。

주인
【主人】

❶ 主人 : 아내가 남편을 부르는 말

예문 남편이 세상을 떠난지 5년이 지났다.
主人が亡くなってから5年が過ぎた。

예문 주인 양반은 뭘 하시는 분입니까?
ご主人は何をなさっている方ですか。

❷ 主人 : 자신이 섬기고 있는 사람, 가장

예문 그 하인은 주인의 방을 청소하고 있다.
そのお手伝いさんは主人の部屋を掃除している。

예문 주인님은 우리를 자유의 몸으로 해방시켜 주었다.
ご主人様は私たちを自由の身にしてくださった。

해설 일본에서도 '主人(しゅじん)'이라는 말을 사용하긴 하지만, 한국처럼 사용범위가 넓지 않으므로 주의가 필요하다.

예문 집주인이 밀린 방세를 독촉하러 왔다.
大家が滞納している家賃を督促しに来た。

참고	가게주인	店主, 店の主人
	술집주인	居酒屋/飲み屋の店主
	집주인	大家, 家主

❸ **持ち主, 所有者** : 물건의 주인, 소유주

참고 핸드폰 주인 携帯電話の持ち主

강아지 주인 子犬の飼い主

짐승남
【-男】

肉食男子, 肉食系男子

해설 '짐승' 은 일본어로 '獣(けもの)' 라고 한다.↔草食男子(そうしょくだんし). 草食系男子(そうしょくけいだんし)<초식남>

예문 요즘은 근육질의 남성미 넘치는 짐승남이 대세이다.
この頃は、筋肉質の男性美あふれる肉食系男子が流行りだ。

예문 우리 딸은 요즘 TV에 나오는 짐승남에 빠져있다.
うちの娘は最近テレビに出る肉食男子に夢中だ。

초보엄마
【初歩-】

新米ママ

예문 나는 아들이 태어난지 1년밖에 안된 초보엄마다.
私は、息子が生まれて一年しか経たない新米ママだ。

예문 초보엄마들은 아이의 건강에 신경 써야 한다.
新米ママは、子どもの健康に気を遣わなければならない。

초보자
【初步者】

しょしんしゃ
初心者

예문 이 게임은 초보자를 위한 시스템이 잘 갖추어져 있다.

このゲームは初心者のためのシステムが、ちゃんと備わっている。

예문 여성A : 운전은 초보자 수준인데, 괜찮을까요?
남성B : 걱정하지 마세요. 옆에서 가르쳐드릴게요.

女性A：運転は初心者レベルなんですが、大丈夫でしょうか？
男性B：心配しないでください。隣で教えますよ。

초식남
【草食男】

そうしょくだんし　そうしょくけいだんし
草食男子, 草食系男子

해설 일본에서 草食系(そうしょくけい)〈초식계〉라는 단어는 2009년 "신조어・유행어대상" 탑10에 들었다. ↔ 肉食男子(にくしょくだんし), 肉食系男子(にくしょくけいだんし)〈짐승남〉

예문 초식남은 연애보다는 자신의 취미생활에 더 적극적이다.

草食男子は恋愛よりは自分の趣味に積極的だ。

예문 여성스러운 남자와 초식남은 엄연히 다른 개념이다.

女性的な男性と草食系男子は、完全に別の概念だ。

총무
【總務】

そうむ
❶ 総務

예문 인사는 사람과 관련된 일이고, 총무는 물건,자산 등에 관한 업무입니다.

人事は、人と関連した仕事で、総務は物、資産などに対する業務です。

예문 어떤 대기업 총무직에 지원해서 서류합격을 했습니다.

ある大企業の総務職に応募して、書類選考に合格しました。

❷ **忘年会などの幹事**

예문 회비는 총무인 다나카 씨에게 내 주세요.

会費は幹事の田中さんに払ってください。

친정어머니
【親庭–】

実家の母 ↔ 実家の父 친정 아버지

예문 명절만 되면 3년 전 돌아가신 친정어머니가 떠오른다.

お正月やお盆になると、3年前に亡くなった実家の母のことを思い出す。

예문 나는 아파트에서 친정어머니와 살고 있다.

私はマンションで母と同居している。

예문 지우 : 유리, 친정 어머니 생신은 언제야?

유리 : 이번 달 22일이에요.

ジウ：ユリ、お母さんの誕生日はいつ？

ユリ：今月の22日です。

친한 친구
【–親舊】

親友

예문 친한 친구 사이라도 돈 거래는 신중히 해야 한다.

親友でもお金のやりとりは慎重にしなければならない。

예문 '지음(知音)'이란 자신의 마음까지 알아주는 친한 벗을 뜻하는 말이다.

「知音」というのは、自身の心まで理解する親しい友人を意味する言葉だ。

킹카

イケメン〔俗〕

참고 퀸카=美女(びじょ 미녀). 남자는 イケメン이란 속어가 있지만 여자는 특별히 없다.

예문 단체 소개팅에서 운 좋게 킹카 옆에 앉을 수 있었다.

合コンでラッキーなことにイケメンの横に座ることができた。

예문 여학생A : 난 언젠가 얼굴은 킹카면서 마음은 천사 같은 사람이랑 사귈 거야.

여학생B : 그런 사람은 세상에 흔하지 않을 걸. 포기하는 게 어때?

女子学生A : わたしいつか、顔はイケメンで、心は天使のような人とつきあうんだ。

女子学生B : そんな人、世の中にあんまりいないと思うけど。あきらめたら?

팔방미인
【八方美人】

❶ 何でもよくできる人, 何事にも堪能な人

해설 한국에서는 뭐든지 잘하는 사람의 뜻으로 많이 사용하지만, 일본에서는 약간 부정적인 뉘앙스를 풍긴다.

예문 외모도 준수하고, 운동도 잘하며, 성적도 좋은 그야말로 팔방미인이었다.

容姿端麗で、運動もよくできて、成績もいい、それこそ完全無欠の人だった。

❷ どこから見ても美しい人

예문 남성A : 김태희는 무슨 연기를 해도 예쁜 거 같아.

남성B : 맞아, 그런 팔방미인도 드물지.

男性A : キム・テヒはどんな演技をしてもきれいだな。

男性B : そうそう、あんな完璧な美人も珍しいだろう。

❸ 八方美人〈부정적인 느낌〉

예문 이익을 얻기 위해선 때로는 팔방미인이 될 필요가 있다.

利益を得るためには、時に八方美人になる必要がある。

혼혈
【混血】

ハーフ【half】△, 混血

해설 일본어로 (사람에 대해) '混血(こんけつ)'라고 하는 것은 차별용어이므로 사용하지 않는 편이 좋다.

예문 그 사람은 일본인과 미국인의 혼혈로, 검은 머리에 파란 눈을 가진 사람이었다.

その人は日本人とアメリカ人のハーフで、黒い髪に青い目を持つ人だった。

예문 최근 한국인들의 혼혈아에 대한 시선도 달라지고 있다.

最近韓国人の、ハーフに対する見方も変わってきている。

10 Chapter

교육 教育(きょういく)

10 교육 _教育(きょういく)

고급 【高級】

❶ **上級(じょうきゅう)** 〈수준이나 계급이 높을 때〉

해설 한국어로 학원이나 어학원 등에서 '고급반'이라고 하는 경우가 많은데 일본어로 '高級(こうきゅう)クラス'라고는 하지 않는다.

예문 영어 고급반을 수강하고 있습니다.
英語(えいご)の上級(じょうきゅう)クラスを受講(じゅこう)しています。

❷ **高級(こうきゅう)**

참고 고급 레스토랑, 고급시계
高級(こうきゅう)レストラン，高級時計(こうきゅうどけい)

OMR 카드 【-card】

マークシート【mark seat】△

예문 OMR 카드에 마킹할 때 주의해야 할 점은 무엇입니까?
マークシートにマークする時(とき)、注意(ちゅうい)しなければいけないことは何(なん)ですか？

예문 시험 OMR 카드에 수정테이프를 사용했는데, 괜찮을까요?
試験(しけん)のマークシートに、修正(しゅうせい)テープを使(つか)ったんですが、大丈夫(だいじょうぶ)でしょうか?

개강 【開講】

開講(かいこう), 授業開始(じゅぎょうかいし)

예문 다음 학기 개강일은 9월 1일이다.

来学期は9月1日が開講日だ。/来学期は9月1日から授業が始まる。

예문 개강하면 또 과제나 발표 때문에 바빠지겠네.

学校が始まったら、また課題や発表で忙しくなるなぁ。

객관식
【客観式】

選択式, 多肢選択法, マルチプルチョイス【multiple-choice】

해설 일본어로 '客観(きゃっかん)テスト/客観式(きゃっかんしき)テスト'라고 하면 채점자의 주관에 좌우되지 않고, 객관적으로 채점할 수 있는 형식의 테스트를 말한다. 이밖에도 '○×式(しき)' '単文解答方式(たんぶんかいとうほうしき)' '穴埋(あなう)め法(ほう)' '多肢選択法' 등이 있다. 客観式テスト(객관식) ↔ 記述式(きじゅつしき)テスト(서술형)

예문 이번 일본어시험은 객관식으로 나온대.

今度の日本語の試験は、選択式で出るんだって。

예문 객관식이니까 답을 모를 때는 그냥 어림짐작으로 맞출 수 밖에 없다.

多肢選択法だから、答えが分からない時は、もう当てずっぽうに頼るしかない。

과외
【課外】

家庭 教 師

예문 대학시절에는 아르바이트로 과외를 했었습니다.

大学生のときは、バイトで家庭 教 師をしていました。

예문 영환 씨는 매일 3명의 과외선생님과 공부하고 있다고 한다.

ヨンファンさんは、毎日3人の家庭教師について勉強しているらしい。

교복
【校服】

制服

해설 한국에서는 일반적으로, '교복〈校服(こうふく)〉'은 학교에서 입는 옷이고, 제복이라고 하면 회사나 공장에서 입는 옷을 가리키는데, 일본에서는 모두 '제복〈制服(せいふく)〉'이라고 한다.

예문 일본 여고생의 교복 말이야, 왜 저렇게 스커트가 짧은 걸까.

日本の女子高生の制服って、なんであんなにスカート短いのかな。

예문 우리 학교는 교복에 대한 교칙이 매우 엄격하다.

うちの学校は、制服に関する校則がとても厳しい。

교육청
【教育庁】

教育委員会〈일본〉, 教育庁〈한국〉

해설 한국의 '교육청'은 일본의 '教育委員会(きょういくいいんかい)'에 해당한다.

예문 경남교육청은 일본 야마구치현 교육청과 교육교류를 더욱 활성화할 방침이다.

慶南教育庁は、日本の山口県教育委員会と教育交流を、さらに活性化する方針だ。

예문 서울시교육청은 9일 서울시의회에 '서울 학생인권조례'에 대해 재의(再議)를 공식 요구했다.

ソウル市教育庁は9日、ソウル市議会に対し、

「ソウル学生人権条例(がくせいじんけんじょうれい)」についての再議(さいぎ)を公式(こうしき)要求(ようきゅう)した。

기출문제
【旣出問題】

過去問(かこもん)

예문 그 대학의 시험을 준비한다면, 기출문제를 모두 풀어보는 편이 좋아요.

その大学(だいがく)の受験勉強(じゅけんべんきょう)をするなら、過去問(かこもん)をすべて解(と)いてみたほうがいいですよ。

예문 유감스럽지만, 올해부터 시험 시스템이 바뀌어서, 지금까지의 기출문제를 풀어보는 것은 별로 소용이 없을 것 같다.

残念(ざんねん)ながら、今年(ことし)から試験(しけん)のシステムが変(か)わったので、これまでの過去問(かこもん)を解(と)くのはあまり意味(いみ)がなくなってしまった。

대안학교
【代案學校】

フリースクール【free school】

예문 나는 입시를 위한 공부만 하는 것이 싫어서, 대안학교에 진학하려고 한다.

私(わたし)は、受験勉強(じゅけんべんきょう)ばかりするのが嫌(いや)なので、フリースクールに進学(しんがく)するつもりだ。

예문 대한학교에 다닌 덕분에, 많은 친구와 여러 체험을 할 수 있어서 매우 좋았다.

フリースクールに通(かよ)ったおかげで、たくさんの友達(ともだち)といろんな体験(たいけん)ができてとてもよかった。

대학교 【大學校】

大学(だいがく), 4年制大学(ねんせいだいがく)

해설 일본어에서는 대학 이름 끝에 '교(校)'를 붙이지 않는다.

예문 저는 지금 서울대학교에 다니고 있습니다.

私(わたし)は今(いま)、ソウル大学(だいがく)(×大学校(だいがっこう))に通(かよ)っています。

예문 미나 씨는 동경대학교의 법학부에 유학을 간다고 합니다.

ミナさんは、東京大学(とうきょうだいがく)の法学部(ほうがくぶ)に留学(りゅうがく)するそうです。

도피성유학 【逃避性留学】

国内(こくない)での進学(しんがく)や就職(しゅうしょく)が難(むずか)しい、兵役(へいえき)から逃(のが)れるなどの理由(りゆう)で外国(がいこく)に留学(りゅうがく)すること

예문 우리 오빠는 지난 5월에 도피성 유학을 떠났다.

私(わたし)の兄(あに)は、5月(がつ)に就職(しゅうしょく)するのが難(むずか)しいので、留学(りゅうがく)した。

예문 처음 유학 왔을 때는 많은 포부를 갖고 떠나 왔었지만, 지금 생각해보면 도피성 유학이 아니었나 하는 생각이 든다.

留学(りゅうがく)の最初(さいしょ)のうちは、たくさんの抱負(ほうふ)を抱(いだ)いていたが、今考(いまかんが)えてみれば、困難(こんなん)から逃(のが)れるための留学(りゅうがく)だったのではないかという気(き)がする。

반장 【班長】

学級委員長(がっきゅういいんちょう)

해설 일본어로 '班長(はんちょう)'는 반에서 조(組)로 나눠진 조의 대표(조장)를 말하고, '組長(くみちょう)'는 폭력배의 대장을 가리키는 말이므로 주의해서 가려 써야 한다.

예문 자랑은 아니지만, 나는 초등학생 때부터 반장을 맡아 했었다.

自慢じゃないけど、私は小学生のころから、学級委員長をしてたんだ。

예문 반장이 되려면, 성적보다도 우선 성격이 좋아야 한다고 생각한다.

学級委員長になるには、成績よりも、まずは性格がよくなくてはならないと思う。

방학하다
【放学-】

夏休み、冬休みなどに入る/なる

예문 겨울 방학하면 스키장에 놀러 가자.

冬休みに入ったら、スキー場に遊びに行こう。

예문 여름방학이 되면, 학기 중에는 바빠서 읽을 수 없었던 책을 많이 읽을 계획이다.

夏休みになったら、学期中には忙しくてなかなか読めなかった本をいっぱい読むつもりだ。

본토발음
【本土発音】

ネイティブスピーカー【native speaker】の発音

예문 요즈음은 본토 발음에 가깝게 말하기 위해서 혀 수술까지 하는 사람도 있다고 한다.

最近では、ネイティブスピーカーの発音で話せるようになるために、舌の手術までする人もいるらしい。

예문 외국어를 공부할 때, 가장 중요한 것은 뭐니뭐니 해도 본토발음을 습득하는 것입니다.

外国語を勉強するときに、一番重要なのは、なんといっても、ネイティブスピーカーの発音を習得することです。

삼수생
【三修生】

二浪

참고 재수생(再修生)=一浪(いちろう)
취업 재수생= 就職浪人(しゅうしょくろうにん)

예문 삼수를 하더라도 꼭 의대에 들어가고 싶다.
二浪してでも、絶対医学部に入りたい。

예문 나는 지금 대학교 1학년이지만, 삼수를 해서 다른 학생들보다 두 살이 많습니다.
私は今、大学一年生ですが、二浪したので、他の学生よりも2個上なんです。

수정
【修正】

添削, 修 正

예문 선생님이 수정해 주신 작문에는 빨간 글자가 가득 씌어 있었다.
先生が添削してくださった作文には、赤い文字がぎっしりと書かれていた。

예문 볼펜으로 쓰다가 수정할 경우에는 그 위에 두 줄을 그으면 됩니다.
ボールペンで書いた後、修正する場合は、その上に二重線を引けばいいです。

수학능력시험
【修學能力試驗】

修 学 能 力試験

해설 일본의 '大学入試(だいがくにゅうし)センター試験(しけん)'에 해당한다.

예문 한국의 고등학생들에게 있어서, 수능시험은 앞으로의 인생을 크게 좌우하는 가장 중요한 시험이라고 말할 수 있다.

韓国の高校生にとって、「修学能力試験」は今後の人生を大きく左右する最も重要な試験だと言っていい。

예문 나는 수능시험날 감기에 걸려서, 정신이 몽롱한 상태로 시험을 쳤다.

私はセンター試験の日に風邪をひいてしまって、フラフラになりながら受けました。

스터디
【study】

勉強会

예문 한국 대학생들은 스터디를 많이 한다.

韓国の大学生は、勉強会に参加する人が多い。

예문 일주일에 한 번, 이 지역에 살고 있는 일본인 유학생들과의 일본어 스터디가 열린다.

週に一度、この地域に住んでいる日本人留学生と、日本語の勉強会が開かれる。

엠티(MT)
【Membership training】▲

大学生の親睦旅行

예문 MT를 갔다 온 덕분에 교수님, 선배들과 많이 친해질 수 있었다.

大学の親睦旅行のおかげで、先生や先輩たちとすぐに仲良くなれた。

예문 작년 MT에서는 술을 너무 많이 마셔서 아무것도 기억을 못했으니까, 올해는 적당히 마셔야지.

去年の親睦旅行では、お酒を飲みすぎて、何も覚(おぼ)えてないから、今年(ことし)はほどほどにしよう。

여름휴가
【-休暇】

夏休み(なつやす)み

예문 우리 회사는 올해 여름휴가 때 이틀밖에 못 쉰다는 것 같아.

うちの会社(かいしゃ)、今年(ことし)の夏休(なつやす)みは二日(ふつか)しかとれないらしい。

예문 A : 여름휴가의 계획은 이미 세웠니?

B : 물론이지! 올해는 꼭 오키나와에 가서 맘껏 코발트블루 바다를 만끽할 작정이야.

A : 夏休(なつやす)みの計画(けいかく)は、もう立(た)てたの？

B : もちろんだよ！今年(ことし)こそは沖縄(おきなわ)にいって、思(おも)う存分(ぞんぶん)コバルトブルーの海(うみ)を満喫(まんきつ)するつもり。

연구회
【研究會】

ゼミ(※ゼミナール【seminar】의 약칭)

예문 연구회 발표 준비 때문에 요즘 너무 바쁘다.

ゼミの発表(はっぴょう) 準備(じゅんび)のために、この頃(ごろ)とても忙(いそが)しい。

예문 지금 우리 연구회에서는 조선통신사에 대해 공부하고 있습니다.

今(いま)、うちのゼミでは朝鮮通信使(ちょうせんつうしんし)について勉強(べんきょう)しています。

오엑스문제
【O X 問題】

○×問題(まるばつもんだい)

예문 오엑스문제는 정답률이 50%니까, 자신의 직관을 믿는 편이 좋아.

マルバツ問題(もんだい)は、正解率(せいかいりつ)が50%だから、自分(じぶん)の直感(ちょっかん)を信(しん)じたほうがいいよ。

예문 여학생A : 오늘 시험은 오엑스문제라서 다행이었어.

여학생B : 정말? 나는 답을 하나도 몰라서 그냥 전부 다 동그라미로 했는데...

女子学生(じょしがくせい)A : 今日(きょう)のテスト、マルバツ問題(もんだい)だから助(たす)かったね。

女子学生B : ほんと？　私(わたし)は答(こた)えがひとつもわかんなかったから、とりあえず全部(ぜんぶ)マルにしといたんだけど…。

오픈북 시험 【open book 試驗】 持(も)ち込(こ)み可(か)のテスト

예문 우리 학과에선 오픈북 시험이었는데, 오히려 더 어려워서 백지로 냈어.

うちの学科(がっか)では、持(も)ち込(こ)み可(か)のテストだったんだけど、逆(ぎゃく)に難(むずか)しくて白紙(はくし)で出(だ)したよ。

예문 이번 중간고사는 오픈북 시험이라서 사전과 교과서를 보면서 시험을 쳐도 된다.

今度(こんど)の中間(ちゅうかん)は持(も)ち込(こ)み可(か)のテストなので、辞書(じしょ)と教科書(きょうかしょ)を見(み)ながらテストを受(う)けてもいい。

왕따 いじめ

해설 괴롭히다 いじめる/ 괴롭힘을 당하다 いじめられる=いじめにあう

예문 A : 어제 노래방 진짜 재밌었지?

B : 엥? 언제 같이 노래방 갔니?

A : 미안, 문자 보내려고 했었는데 깜빡했어.

B : 진짜? 나 왕따 시키는 거야?

A：昨日(きのう)のカラオケ、超楽(ちょうたの)しかったよね。

B：え～、いつのまにみんなでカラオケ行(い)ったの？

A：ごめん、メールしようと思(おも)ったんだけど、つい忘(わす)れちゃってて。

B：まじで？私(わたし)いじめられてんの？

예문 '모난 돌이 정 맞는다'라는 말도 있고, 혼자만 눈에 띄면 왕따될지도 모르니까 조심해야지.

「出(で)る杭(くい)は打(う)たれる」って言葉(ことば)もあるし、一人(ひとり)だけ目立(めだ)つといじめられるかもしれないから、気(き)をつけないと。

1학기/2학기 【一學期】

前期(ぜんき)/後期(こうき)(※대학교), **1学期(がっき)/2学期(がっき)**(※초, 중, 고등학교)

예문 일본의 대학교는 2학기제이며, 1학기와 2학기로 나누어져 있다.

日本(にほん)の大学(だいがく)は二学期制(にがっきせい)で、前期(ぜんき)と後期(こうき)に分(わ)かれている。

예문 〈고등학교의 경우〉1학기에는 말하기 대회가 있고, 2학기에는 연극 대회가 있다.

〈高校(こうこう)の場合(ばあい)〉1学期(がっき)にはスピーチ大会(たいかい)があって、2学期(がっき)には演劇大会(えんげきたいかい)がある。

재수학원 【再修學院】

予備校(よびこう)

예문 수능시험 날에 몸이 안 좋았기 때문에 실력을 발휘할 수 없었고 결국 재수학원에 다니기로 했다.

入試の日に体調が悪くて実力を発揮することができず、結局予備校に通うことにした。

예문 내년 수험을 위해 재수학원에서 매일 10시간씩 공부를 하고 있다.

来年の受験に向けて、予備校で毎日10時間勉強している。

전문대학
【專門大學】

短大, 専門学校

해설 일본에서는 '短大(たんだい)' '専門学校(せんもんがっこう)'가 한국의 전문대학에 해당한다.

예문 한국의 전문대학은 2년제와 3년제가 있다.

韓国の専門大学は2年制と3年制がある。

예문 장래에 요리사가 되기 위해서 일본요리 전문대학에 다니고 있다.

将来、板前になるために日本料理の専門学校に通っている。

제본
【製本】

❶ 製本

예문 다음 주까지 이 자료를 20부 제본해야 한다.

来週までに、この資料を20部コピーして製本しなければならない。

❷ コピー本

예문 출판된 책을 제본하는 것은 저작권에 위반된다.

出版された本のコピー本を作ることは、著作権に違反する。

주관식 【主観式】	**記述式問題, 記述式テスト**

예문 나는 주관식 시험에 약해서, 이번 시험은 객관식이면 좋겠어.

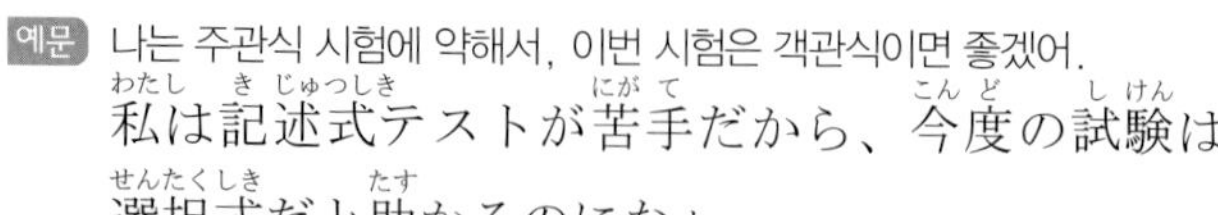
私は記述式テストが苦手だから、今度の試験は選択式だと助かるのになぁ。

예문 선생님, 그 주관식 문제는 부분 점수를 얼마나 받을 수 있나요?

先生、その記述式問題は部分点がどれくらいもらえるんですか?

주입식교육 【注入式】	**詰め込み教育**

예문 어린이들에게 있어서, 주입식 교육은 효과적이라고 말할 수 없다.

子どもたちにとって、詰め込み教育は、効果的だとは言えない。

예문 고교시절의 주입식 교육 때문에, 취미활동이나 스포츠를 할 시간이 없었던 것이 매우 아쉽다.

高校時代の詰め込み教育のせいで、趣味やスポーツをする時間がなかったのがとても残念だ。

중간/기말고사 【期末·中間考査】	**中間/期末試験**

예문 다음 주 중간고사에 형용사가 나온다고 해요.

来週の中間テストに、形容詞が出るらしいよ。

예문 학생 : 선생님, 이번 기말 시험은 어렵습니까?

선생님 : 아니에요, 매우 간단해요. 이번 학기 수업 중에 공부한 어휘 800개만 외우면 돼요.

학생 : 헉..ㅠㅠ

学生：先生、今度の期末試験は難しいですか。
先生：いいえ、とても簡単ですよ。今学期の授業で勉強した語彙を、800語だけ暗記すればいいですから。
学生：げっ～～〈涙〉

책걸이
【冊-】

学期末などに授業が終わった後の打ち上げ

예문 오늘은 선생님들과 함께 책걸이 파티가 있어.
今日は先生たちと一緒に授業終了パーティーがあるんだ。

예문 선생님 : 길었던 1학기도 오늘 수업으로 끝입니다. 책걸이로 다 같이 피자라도 먹읍시다.
학생들 : 아싸~!!
先生：長かった一学期も今日の授業で終わりです。みんなでピザでも食べて打ち上げしましょう。
学生たち：やった～！！

학년을 꿇다
【學年-】

留年する, ダブる [俗]

예문 그는 아파서 한 학년을 꿇었다.
彼は病気で一学年留年した。

예문 지각이나 결석을 너무 많이 해서 1년을 꿇었다. 정말 자업자득이다.
遅刻・欠席が多すぎて、ダブってしまった。まさに自業自得だ。

학부모
【學父母】

保護者(ほごしゃ), 父兄(ふけい)

예문 한국의 학부모는 자녀에 대한 관심이 상당히 높다.
韓国(かんこく)の父兄(ふけい)は、子(こ)どもに対(たい)する関心(かんしん)が非常(ひじょう)に高(たか)い。

예문 최근 체벌 문제로 교사를 비난하는 경우가 많지만, 역시 기본적으로는 가정에서 학부모들이 교육을 시키지 않으면 안 된다.
最近(さいきん)、体罰(たいばつ)の問題(もんだい)で、教師(きょうし)が非難(ひなん)されるケースが多(おお)いが、やはり、基本的(きほんてき)には家庭(かてい)で保護者(ほごしゃ)がしつけをしないといけない。

학원
【學院】

学院(がくいん), (各種(かくしゅ))学校(がっこう), 塾(じゅく)

해설 일본에서는 학원의 종류마다 명칭이 다르다.

참고

초, 중, 고생 보습 학원	(学習(がくしゅう)) 塾(じゅく)
컴퓨터를 배우는 전문학원	コンピューター専門学校(せんもんがっこう)
영어(회화) 학원	英会話(えいかいわ)スクール
피아노 학원	ピアノ教室(きょうしつ)

학점
【學點】

単位(たんい)

예문 학점이 모자라 올해 졸업할 수 없게 되었다.
単位(たんい)が足(た)りなくて、今年(ことし)卒業(そつぎょう)できなくなった。

예문 이번 학기에는 3학점 짜리 수업을 7개 듣는다.
今学期(こんがっき)には、3単位(たんい)の授業(じゅぎょう)を、7つ受(う)ける。

11

Chapter

정치경제 政治経済（せいじけいざい）

11 정치・경제 _政治経済(せいじけいざい)

계산 【計算】

❶ 会計(かいけい), 勘定(かんじょう)

해설 일본에서는 식사를 하고 나서 계산할 때 '会計(かいけい)お願(ねが)いします/お勘定(かんじょう)お願いします'라고 한다.

예문 점원 : 계산은 현금으로 하시겠습니까, 신용카드로 하시겠습니까?
손님 : 카드로 할게요.
店員(てんいん)：お会計(かいけい)は現金(げんきん)ですか、それともクレジットカードですか？
客(きゃく)：カードでお願(ねが)いします。

❷ 計算(けいさん)

예문 은행이자를 계산했다.
銀行(ぎんこう)の利子(りし)を計算(けいさん)した。

계산대 【計算臺】

レジ【register】△

예문 점원 : 손님, 옆쪽 계산대를 이용해 주세요.
店員(てんいん)：お客様(きゃくさま)、隣(となり)のレジをご利用(りよう)ください。

공정무역 【公正貿易】

フェアトレード【fair trade】, 公平貿易(こうへいぼうえき)

예문 이 유기농 가게에는 공정무역 커피가 많이 있다.
このオーガニックショップには、フェアトレードコーヒーがたくさんある。

예문 현재 국내에서 유통되는 '공정무역' 제품은 초콜릿, 홍차 등이 있다.
現在(げんざい)、国内(こくない)で流通(りゅうつう)しているフェアトレード製品(せいひん)は、チョコレートや、紅茶(こうちゃ)などがある。

구조조정
【構造調整】

リストラ(【restructuring】의 약칭), 人員整理(じんいんせいり)

해설 '정리해고'와 거의 같은 뜻으로 쓰인다.
cf) 〈회사측이〉구조조정하다 = リストラする
〈회사원이〉 구조조정 당하다 = リストラされる
명예퇴직 = 早期優遇退職(そうきゆうぐうたいしょく)

예문 우리회사는 연말까지 50명을 구조조정하기로 했다고 한다.
うちの会社(かいしゃ)は年末(ねんまつ)までに50人(にん)リストラすることを決(き)めたらしい。

예문 딸 : 요즘 옆집 아저씨가 매일 아침 공원 의자에 앉아서 신문을 읽고 있어요.
엄마 : 어머, 정리해고 당한 걸까? 안됐다.
娘(むすめ) : 最近隣(さいきんとなり)のおじさん、毎朝公園(まいあさこうえん)のベンチに座(すわ)って新聞読(しんぶんよ)んでるよ。
母(はは) : あら、リストラされちゃったのかしら。気(き)の毒(どく)ね。

낙하산인사
【落下傘人事】

天下(あまくだ)り

예문 전 정부부터 현 정부까지 공공·민간 기관의 이른바 '낙하산 인사'를 전격 공개되었다.
前政権(ぜんせいけん)から現政権(げんせいけん)に至(いた)るまで、公共(こうきょう)・民間機関(みんかんきかん)への、いわゆる「天下り人事」が、電撃公開された。

예문 김 : 우리나라는 낙하산 인사가 폐지될 수 없나?

모리 : 일본도 같은 문제가 꽤 있지. 어딜 가나 정치인은 비슷비슷하네.

金：韓国は天下りが廃止されないんだろうか?

森：日本も同じような問題が結構あるよ。どこの国でも政治家は似たり寄ったりだね。

다단계
【多段階】

マルチ商法，ネットワークビジネス

해설 '다단계'란 뜻의 「ねずみ講(こう)」는 모은 돈을 배당하는 것이고, 「マルチ商法/ネットワークビジネス」는 상품을 판매하는 점으로 구별된다. 「ねずみ講(こう)」는 불법이다.

예문 A : 할머니가 화장품 다단계에 빠지신 것 같아요….

B : 다단계라고 해도 다 나쁜 것만은 아니죠?

A : 하지만, 화장품을 300만원 어치를 한꺼번에 구입하셨어요.

A：おばあさんが化粧品のマルチ商法にハマったみたいなんです…。

B：マルチ商法といっても、みんな悪いわけじゃないでしょう？

A：でも、化粧品を300万ウォン分、一度に購入したんですよ。

예문 대학 동창한테 오랜만에 전화가 왔는데, 그게 다단계 권유였다는~ㅠㅠ

大学で同じ学年だった子から、久しぶりに電話がかかってきたんだけど、それが、ネットワークビジネスの勧誘だったんだよね～〈涙〉。

대변인
【代辯人】

スポークスマン【spokesman】

예문 정부는 대변인을 통해 수해 피해 지역 지원 내용을 밝혔다.

政府(せいふ)はスポークスマンを通(つう)じて、水害被害地域(すいがいひがいちいき)支援(しえん)の内容(ないよう)を明(あき)らかにした。

예문 A : 지수는 일부러 그런 게 아니야. 지수도 놀라서 그랬던 것뿐일 거야. 악의는 없었어.

B : 왜 네가 끼어들어 참견이니? 지수는 입이 없어? 니가 지수 대변인이라도 되니?

A : ジスはわざとじゃないよ。ジスもびっくりしてああなっただけで、悪気(わるぎ)はなかったんだよ。

B : なんであんたがでしゃばってくるわけ？ジス、口(くち)きけないの？あんた、ジスのスポークスマンにでもなったつもり？

더치페이
【dutch pay】

割(わ)り勘(かん)

해설 한국에 비해 일본은 '割(わ)り勘(かん)'이 일반적이어서 남녀, 나이 차이를 불문하고 더치페이로 하는 경우가 많다.

예문 A : 오늘 밤은 내가 살게.

B : 아니 괜찮아. 그냥 더치페이로 하자.

B : <계산대에서>따로따로 계산해 주세요.

A : 今夜(こんや)は俺(おれ)がおごるから。

B : いやいや、大丈夫(だいじょうぶ)。割(わ)り勘(かん)にしよう。

B : 〈レジで〉 別々(べつべつ)でお願(ねが)いします。

예문 한국에 와서 얼마 안 되었을 때 한국 사람이랑 식사를 하면 매번 사주니까 아주 당황했어요. 일본에서는 더치페이가 오히려 마음이 편하거

정치 경제

든요.

韓国に来て間もない時、韓国人と食事をするといつもおごってくれるから、かなり戸惑いました。日本は、割り勘がかえって気が楽ですからね。

돈을 모으다

お金を貯める

해설 'お金(かね)を集(あつ)める'는 잘못된 표현.

예문 워킹 홀리데이로 일본에 가서 일년 동안 돈을 모을 계획이다.

ワーホリで日本に行って、一年間お金を貯めるつもりだ。

예문 내년에는 돈 모아서 꼭 호주로 갈 거야!

来年はお金を貯めて絶対オーストラリアに行くぞ!

동업하다
【同業-】

共同経営をする，一緒に事業をする

예문 친척과의 동업은 피하는 게 좋다.

親戚と一緒に事業するのは、避けた方がいい。

예문 대학교 앞에서 샌드위치랑 커피를 팔고 싶은데 나랑 동업하지 않을래?

大学の前で、サンドイッチとコーヒー販売したいんだけど、私と共同経営しない?

막노동자
【-勞動者】

肉体労働者，建設作業員，建設労働者

예문 나는 건설 현장을 다니는 막노동자이다.

私は建設現場で働く肉体労働者だ。

예문 A : '노가다'라는 말은 일본어 '土方(どかた)' 에서 유래한 말이라는거 알고 있었어요?

B : 아, 그랬어요?

A : 근데 일본에서는 '土方(どかた)'보단 '建設作業員(けんせつさぎょういん)'이라고 해야 한대요.

A :「노가다」っていう言葉(ことば)は、日本語(にほんご)の「土方(どかた)」から来(き)た言葉(ことば)だって知(し)ってました？

B : あ～そうだったんですか？

A : でも日本(にほん)では、「土方(どかた)」より「建設作業員(けんせつさぎょういん)」って言(い)った方(ほう)がいいらしいですよ。

부실공사
【不実工事】

手抜(てぬ)き工事(こうじ)

예문 우리 아파트는 지은지 한 달도 안됐는데 벌써 벽이 떨어지고 난리예요. 이거 부실공사 맞죠?

うちのマンションは、できて一月(ひとつき)もたたないのに、壁(かべ)が落(お)ちてきて大変(たいへん)なことになってるんです。これって手抜(てぬ)き工事(こうじ)ですよね？

예문 지난달 무너진 빌딩은 부실 공사가 원인이었던 것이 밝혀졌다.

先月倒壊(せんげつとうかい)したビルは、手抜(てぬ)き工事(こうじ)が原因(げんいん)であったことが明(あき)らかになった。

비밀번호
【秘密番號】

❶ <은행 등> 暗証番号(あんしょうばんごう)

예문 〈ATM에서〉 비밀번호를 눌러 주십시오.

〈ATMで〉暗証番号(あんしょうばんごう)を入力(にゅうりょく)してください。

❷ <인터넷 등> パスワード

정치 경제

예문 접속하시려면 아이디와 비밀번호를 입력해 주세요.

接続(せつぞく)する場合(ばあい)は、アイディーとパスワードを入力(にゅうりょく)してください。

비상금 【非常金】

へそくり

예문 다음에 비상금으로 가방 사버릴까?

今度(こんど)へそくりでかばん買(か)っちゃおうかな。

예문 A : 비상금 숨기는 곳이 어디가 좋을까?

B : 글쎄, 어디가 좋을까? 책 사이는 금방 들키겠지?

A：へそくり隠(かく)す場所(ばしょ)ってどこがいいかな？

B：さぁ～どこがいいかな。本(ほん)の間(あいだ)とかってすぐにばれちゃうよね。

비자금 【秘資金】

裏金(うらがね)

예문 비밀계좌를 이용한 비자금 조성 관행이 법원 판결에서 드러났다.

秘密口座(ひみつこうざ)を利用(りよう)した裏金作(うらがねづく)りの慣習(かんしゅう)が裁判所(さいばんしょ)の判決(はんけつ)で明(あか)るみに出(で)た。

예문 검찰이 전 대통령 비자금 수사에 착수했다.

検察(けんさつ)は前大統領(ぜんだいとうりょう)の裏金捜査(うらがねそうさ)に着手(ちゃくしゅ)した。

삥땅

くすねること

예문 엄마가 주신 학원비를 몰래 삥땅 쳤다가 들켰다.

お母(かあ)さんにもらった塾(じゅく)の月謝(げっしゃ)をこっそりくすね

たのがバレた。

예문 부모님 몰래 삥땅 친 돈을 오락실에서 다 써버렸다.
親(おや)の財布(さいふ)から抜(ぬ)いた金(かね)をゲーセンで全部(ぜんぶ)使(つか)ってしまった。

해설 cf) 'ピンはね'는 남의 수입의 일부를 가로채는 것을 말한다.

예문 점장이 아르바이트 비를 삥땅했다.
店長(てんちょう)に給料(きゅうりょう)をピンはねされた。

신용카드
【信用card】

クレジットカード【credit card】

예문 신용카드는 금전감각을 마비시킬 우려가 있으므로 계획적으로 사용해야 한다.
クレジットカードは金銭感覚(きんせんかんかく)をまひさせる恐(おそ)れがあるから、計画的(けいかくてき)に使(つか)わなければならない。

예문 아, 대박. 또 신용카드로 이것저것 사버렸네. 다음달 명세서가 두렵다.
ああ、ヤバい。またカードでたくさん買(か)い物(もの)しちゃった。来月(らいげつ)の明細(めいさい)が怖(こわ)いよ。

실업급여
【失業給與】

失業手当(しつぎょうてあて)

예문 실업급여를 받으려면 어디에 신청을 해야 하는지 알려 주세요.
失業手当(しつぎょうてあて)をもらうには、どこに申請(しんせい)すればいいのか教(おし)えてください。

예문 실업급여란 회사에서 6개월 이상 일한 사람이 실업한 후의 일정 기간 동안 재취직을 지원하기 위해서 나라에서 지급되는 수당입니다.

예문 失業手当とは、会社で6ヶ月以上働いた人が失業した後の一定期間、再就職を支援するために国から支給される手当てです。

쏘다

おごる 〔俗〕

예문 여자 : 오늘 점심은 내가 쏠게. 내일은 네가 쏴.

女性：今日のランチはわたしがおごるから、明日はあなたがおごって。

예문 야 야, 가위바위보 해서 진 사람이 쏘는 걸로 하자.

ねーねー、じゃんけんで負けた人がおごることにしようよ。

아르바이트
【arbeit】

バイト, アルバイト

예문 오늘 알바 면접을 보러 갔는데 떨어졌다.

今日アルバイトの面接を受けに行ったが、落ちてしまった。

예문 A : 내일 오랜만에 영화 보러 가자.

B : 미안, 내일 오후부터 알바가 있어서.

A：明日ひさしぶりに映画見にいかない？

B：ごめん、明日午後からバイトあんだよね。

언론
【言論】

マスコミ【mass communication】

예문 대학을 졸업하면 언론계열 쪽 일을 하고 싶다.

大学を卒業したらマスコミ関係の仕事がしたいな。

예문 그 배우를 실제로 만났을 때, 언론을 통해 보여지는 인상과는 전혀 달랐다.

その役者に実際に会った時、マスコミでの印象とは全く違った。

연말정산
【年末精算】

年末調整

예문 국세청에서 연말정산 간소화 서비스를 제공하고 있습니다.

国税庁では、年末調整簡素化サービスを提供しています。

예문 연말정산을 통해 1년간 과납되었던 세금을 돌려받을 수 있으니 열심히 해야죠.

年末調整で、1年間の過納額が還付されるから、ちゃんとやらないと。

영수증
【領收證】

レシート【receipt】, 領収証, 領収書

해설 일본에서 '領収証(りょうしゅうしょう)ください(영수증 주세요)'라고 하면, 금액을 손으로 직접 써서 주는 곳이 많다. 보통 계산대에서 받는 인쇄된 것을 일본에서는 'レシート'라고 한다.

예문 나는 늘 영수증을 노트에 붙여서 무엇을 샀는지 기록하고 있습니다.

私はいつもレシートをノートに貼って何を買ったか記録しています。

예문 손님 : 저기요, 이 옷 사이즈가 맞지 않아서 반품하고 싶은데요.

점원 : 그럼 영수증을 보여 주시겠습니까?

손님 : 버렸는데요.

점원 : 죄송하지만, 영수증이 없으면 반품해 드릴 수 없습니다.

客：すみません、この服サイズが合わないから返品したいんですけど。
店員：それではレシートを見せていただけますか。
客：捨てちゃいましたけど。
店員：申し訳ございません。レシートがないと、返品できないのですが…。

용역회사
【用役会社】

人材派遣会社, 派遣会社

예문 내 친구는 용역회사를 통해 큰 공장에서 일을 하게 되었다.
私の友達は派遣会社を通して、大きな工場で働くことになった。

예문 나는 얼마 전에 직장에서 해고당해 지금은 용역 회사에서 일하고 있다.
私は、先日職場をクビになり、今は派遣会社で働いている。

운동권
【運動圏】

学生運動をする人

예문 운동권 학생들만큼 용기 있는 사람들이 어디 있어요?
学生運動をする人たちほど勇気ある者はいません。

예문 그 선배 운동권이라고 하던데?
その先輩、学生運動しているって言ってたけど?

원가 절감
【原價節減】

コスト削減

예문 다른 회사들은 어떤식으로 원가절감을 하는지 궁금하다.

他の会社はどうやってコスト削減をしているのか気になる。

예문 사장님께서 원가절감 방안을 내라고 하셨습니다.

社長が、コスト削減案を出せとおっしゃいました。

유엔
【UN】

国際連合，国連

예문 국제연합〈UN〉은 유엔사무국 전문직원 채용시험을 실시하였다.

国際連合＜UN＞は国連事務局専門職員採用試験を実施した。

예문 나도 언젠가 반기문 씨처럼 유엔에서 일하고 싶은데.

私もいつか、バン・ギムン氏のように、国連で働きたいな。

육자회담
【六者會談】

六ヶ国協議，六者協議

예문 육자 회담이란 한국, 북한, 미국, 일본, 중국, 러시아에 의한, 북한에 핵 제조 중지를 요구하는 외교회의다.

六ヶ国協議とは、韓国、北朝鮮、米国、日本、中国、ロシアによる、北朝鮮に核兵器製造中止を求める外交会議だ。

예문 다음 육자회담은 언제 열릴 예정입니까?

今度の六者協議は、いつ開かれる予定ですか。

일시불
【一時拂】

一括払い cf) 分割払い 할부

예문 점원 : 손님, 계산은 어떻게 해드릴까요?

손님 : 일시불로 해주세요.

店員（てんいん）：お客様（きゃくさま）、お支払（しはら）いはどうなさいますか？

客（きゃく）：一括（いっかつ）でお願（ねが）いします。

예문 일시불보다는 할부로 구입하는 게 좋을 것 같습니다.

一括払（いっかつばら）いよりは、分割払（ぶんかつばら）いで購入（こうにゅう）したほうがいいと思（おも）います。

지로납부 【giro納付】

ジロ（ジーロ）納付（のうふ） ※韓国（かんこく）の公共料金（こうきょうりょうきん）などの支払（しはら）いシステム

예문 한국에는 은행이 돈을 보내는 사람의 부탁을 받아 전기회사, 가스회사 등의 계좌에 돈을 넣어 주는 지로납부란 방식이 있다.

韓国（かんこく）には銀行（ぎんこう）がお金（かね）を送（おく）る人（ひと）の要請（ようせい）を受（う）けて電気（でんき）会社（がいしゃ）、ガス会社（がいしゃ）などの口座（こうざ）にお金（かね）を入（い）れるジロ納付（のうふ）という方法（ほうしき）がある。

예문 지로로 공과금을 납부하다.

ジロで公共料金（こうきょうりょうきん）を納付（のうふ）する。

직군 【職群】

職種（しょくしゅ），職業（しょくぎょう）

예문 이력서에 원하는 직군을 기재해서 제출하세요.

履歴書（りれきしょ）に希望（きぼう）する職種（しょくしゅ）を記入（きにゅう）してください。

예문 농업은 돈이 안 되는 직업이라는 선입관이 있다.

農業（のうぎょう）は金（かね）にならない職業（しょくぎょう）だという先入観（せんにゅうかん）がある。

체크카드 【check card】

デビットカード【debit card】の一種（いっしゅ）

cf) 직불카드 = **デビットカード**

예문 직불 카드는 은행예금계좌에서 즉시 돈이 빠져나간다.

デビットカードは銀行(ぎんこう)の預金口座(よきんこうざ)から即時(そくじ)にお金(かね)が引(ひ)き落(お)とされる。

예문 한국의 체크카드는 미성년자라도 발급 받을 수 있다.

韓国(かんこく)のチェックカードは未成年(みせいねん)でも発行可能(はっこうかのう)だ。

축의금
【祝儀金】

ご祝儀(しゅうぎ)

예문 일본에서는 결혼 축의금으로 3만엔을 주는 것이 일반적이라고 한다.

日本(にほん)では、結婚式(けっこんしき)のご祝儀(しゅうぎ)に3万円(まんえん)を包(つつ)むのが一般的(いっぱんてき)だそうだ。

예문 일본도 한국도 축의금의 금액에는 홀수를 선호하는 공통점이 있다.

日本(にほん)も韓国(かんこく)も、ご祝儀(しゅうぎ)の金額(きんがく)に奇数(きすう)を好(この)む共通点(きょうつうてん)が見(み)られる。

칼퇴근
【-退勤】

定時退社(ていじたいしゃ)

예문 직장인이라면 누구나 칼퇴근을 꿈꾸죠?

会社員(かいしゃいん)なら誰(だれ)でも定時退社(ていじたいしゃ)を夢見(ゆめみ)ますよね。

예문 나 오늘은 꼭 칼퇴해야 되는데... 남친이랑 오랜만에 만나거든!

私(わたし) 今日(きょう)は絶対(ぜったい)に定時(ていじ)で帰(かえ)らなきゃ…。彼氏(かれし)と久(ひさ)しぶりに会(あ)うんだ！

통장정리
【通帳整理】

通帳記帳(つうちょうきちょう)

예문 통장정리는 ATM에서 '통장정리'를 클릭해서 통장을 넣고 기다렸다가 처리 된 후 통장을 빼면 끝난다.

通帳の記帳はATMで「通帳記帳」をクリックして通帳を入れて待ち、処理された後、通帳を抜けば終わる。

퇴근하다
【退勤-】

退社する，仕事が終わって家に帰る

해설 일본어에서는 '退勤(たいきん)' 이란 말은 거의 쓰지 않는다.

예문 일이 끝나서 먼저 퇴근할게 수고했어!

仕事終わったから先に帰るね。お疲れ！

예문 한국에서는 출근 전이나 퇴근 후에 학원에 다니는 사람이 많은 것 같다.

韓国では出社前や退社後に習い事に通う人が多いようだ。

할부
【割賦】

分割払い cf) **一括払い** 일시불

예문 신차구매 시 24개월 할부납부가 가능합니다.

新車購入の際は、24ヶ月分割払いでの支払いが可能です。

예문 100만원 상당의 책상을 5개월 할부로 샀다.

100万ウォン相当の机を5ヶ月の分割払いで買った。

현금영수증
【現金領收證】

現金領収証

해설 일본에는 없는 시스템이다. 참고로, 일본에서는 물건을 살 때 물건 값 외에 소비세를 내는 것이 한국과 다르다. 그래서 1엔짜리나 5엔짜리 동전을 따로 동전지갑에 들고 다니는 경우가 많다.

예문 리에 : 현금영수증이란 어떤 제도를 말하는 겁니까?

지혜 : 현금영수증을 모아두면 연말정산 때 세금 공제 혜택을 받을 수 있는 제도예요.

りえ：現金領収証ってどんな制度なんですか。

ジヘ：現金領収証を集めておけば、年末調整の時、税金控除の恩恵を受けられる制度なんですよ。

예문 점원 : 현금영수증 필요하세요?

손님 : 아, 네.

점원 : 번호 불러 주시겠습니까?

店員：「現金領収証」はよろしいですか。

客：あ、はい。

店員：番号をよろしいでしょうか。

현금카드
【現金card】

キャッシュカード【cash card】

예문 이 편의점 내에 있는 ATM은 각 은행의 현금 카드로 현금을 인출할 수 있습니다.

このコンビニ内にあるATMは、各銀行のキャッシュカードで、現金を引き出すことができます。

예문 통장 또는 현금카드를 삽입구에 넣는다.

通帳またはキャッシュカードを挿入口に入れる。

현판식
【懸板式】

会社、団体などが入口に看板を設置する式典

예문 오늘 오후 1시에 사무실 이전 현판식이 개최되었습니다.

今日の午後1時に事務所移転のセレモニーが開催されました。

예문 우리 학교 현판식에 참가하였습니다.

うちの学校の表示板をかける行事に参加しました。

곱하기 【×】

掛ける，掛け算

예문 곱하기는 2학년 때 배운다.

掛け算は２年生の時習う。

예문 10×2=20(10곱하기 2는 이십)

10かける2は20

참고 그밖의 연산기호읽기

나누기【÷】	割る，割り算
더하기/플러스【+】	足す，足し算/プラス
빼기/마이너스【−】	引く，引き算/マイナス
센티(미터)【㎝】	センチ(メートル)
킬로(그램)【㎏】	キロ(グラム)
퍼센트, 프로【%】	パーセント

12
Chapter
스포츠 スポーツ

12 스포츠_スポーツ

갈라쇼
【gala show】

エキシヴィジョン/エキシビション【exhibition】

예문 서울 올림픽공원에 위치한 핸드볼경기장에서 현역 랭커들이 출전한 댄스 스포츠 갈라쇼가 겨울 밤을 수놓았다.

ソウルオリンピック公園(こうえん)に位置(いち)するハンドボール競技場(きょうぎじょう)で、現役(げんえき)のランキング上位選手(じょういせんしゅ)が出場(しゅつじょう)した社交(しゃこう)ダンスのエキシビジョンが、冬(ふゆ)の夜(よる)を飾(かざ)った。

예문 A : 김연아의 갈라쇼는 금방 매진되어버리기 때문에 티켓을 빨리 구해야만 해.
B : 인터넷으로도 살 수 있어?

A：キム・ヨナのエキシヴィジョンはすぐ売(う)り切(き)れてしまうから、チケットを早(はや)く買(か)わなきゃ。
B：ネットでも買(か)えるの？

경고
【警告】

イエローカード【yellow card】〈축구〉

예문 FIFA에서는 경고누적제도를 시행하고 있다.

FIFA(フィファ)ではイエローカードの累積制度(るいせきせいど)を実施(じっし)している。

예문 이날 경기에서 A팀은 경고만 8장을 받았다.

この日(ひ)の試合(しあい)で、 Aチームは、イエローカードだけで8枚(まい)も受(う)けた。

경기
【競技】

試合(しあい), ゲーム, 競技(きょうぎ)

예문 경기가 끝나고 양팀 선수들이 인사를 나누고 있습니다.

試合(しあい)が終(お)わって、両(りょう)チームの選手(せんしゅ)たちが挨拶(あいさつ)を交(か)わしています。

예문 경기 도중 흥분한 관객들의 난동으로 인해 경기장은 한바탕 난리를 치렀다.

試合中(しあいちゅう)に興奮(こうふん)した観客(かんきゃく)の暴動(ぼうどう)により、スタジアムは一時騒然(いちじそうぜん)となった。

경기장
【競技場】

スタジアム【stadium】, 競技場(きょうぎじょう)

예문 도쿄 돔은 실내야구경기장으로, 일본 프로야구팀 요미우리 자이언츠의 홈 구장이다.

東京(とうきょう)ドームは、室内野球(しつないやきゅう)スタジアムで、日本(にほん)のプロ野球(やきゅう)チーム・読売(よみうり)ジャイアンツの本拠地(ほんきょち)の球場(きゅうじょう)だ。

예문 A : 요요기경기장 입구 오른쪽의 매표소에서 3시에 만나기로 하자.
B : 알았어. 내일 보자.

A : 代々木競技場入口右側(よよぎきょうぎじょういりぐちみぎがわ)のキップ売場(うりば)で3時(じ)に待(ま)ち合(あ)わせしよう。

B : わかった。じゃ、明日(あした)。

등번호
【-番號】
백넘버▲
【back number】

背番号(せばんごう)

예문 백넘버 61번이 새겨진 박찬호의 유니폼은 1월 중순부터 판매될 예정이며, 각종 기념품 제작도 기획하고 있다.

背番号61番のパク・チャンホのユニフォームは、1月中旬から販売される予定で、各種記念品の製作も企画されている。

예문 아들 : 골키퍼 이외의 선수가 등번호 1번을 입고 있는 것을 본 적이 없네.

아버지 : 팀의 주전 골키퍼의 등번호는 보통 1번이지.

息子：ゴールキーパー以外の選手が背番号1番を着てるのを見たことがないね。

父：チームの正ゴールキーパーの背番号は、普通1番なんだよ。

해설 バックナンバー【back number】:영어, 일본어에서는 'バックナンバー'라고 하면, 잡지의 지난 호를 의미한다.

예문 손님 : 저기요, 잡지 'OLIVE'의 지난 호 있어요?

서점 점원 : 패션 잡지 코너에 있습니다.

客：すみません、雑誌『OLIVE』のバックナンバーはありますか?

書店の店員：ファッション雑誌コーナーにあります。

병살 【併殺】

ダブルプレー 【double play】, **ゲッツー**, △**併殺**〈야구〉

해설 회화에서는 'ダブルプレー'를 자주 사용한다.

예문 야구에서 가장 흔한 병살은 6-4-3병살이다.

野球で最もよくあるダブルプレーは、6-4-3のダブルプレーだ。

예문 병살타 앞에 붙는 숫자는 병살타 처리에 참여한 수비 선수들을 말하는 것입니다.

併殺打の前につく数字は、併殺打の処理に関わった守備選手たちを言うものです。

승부차기
【勝負-】

PK戦〈축구〉

예문 승부차기 끝에 승리한 선수들이 환호하고 있다.

PK戦の末、勝利した選手たちが歓声を上げている。

예문 해설자 : 승부차기를 흔히 11m의 심리게임이라고들 하지요.
아나운서 : 네, 이제부터 승부의 행방은 어떻게 될까요.

解説者：PK戦をよく11mの心理戦と言ったりしますよね。

アナウンサー：そうですね、これから勝負の行方はどうなるんでしょうか。

시범경기
【示範競技】

❶ エキジビションゲーム【exhibition game】,
公開試合/模範試合

해설 승부를 가리는 것보다 뛰어난 기술이나 선수 소개를 목적으로 해서 하는 시합을 말한다.

예문 남녀 프로농구가 시즌 개막을 앞두고 각각 3일부터 4일까지 시범경기를 열어 팬들 곁을 찾아간다.

男女プロバスケットボールがシーズン開幕を控え、それぞれ3日、4日から続けてエキジビションゲームを行い、ファンと交流を深める。

❷ オープン戦(せん)【open-】 △

해설 프로야구 등에서 시즌 개막전에 하는 비공식 시합.

예문 3월17일 개막된 '2012 팔도 프로야구 시범경기'가 1일 경기를 끝으로 모든 일정을 마무리했다.

3月(がつ)17日(にち)開幕(かいまく)した「2012プロ野球(やきゅう)オープン戦(せん)」が、1日(ついたち)の試合(しあい)を最後(さいご)に、すべての日程(にってい)を終(お)えた。

❸ プレシーズンマッチ【preseason + match】 △

해설 일본의 축구 'J리그'에서 시즌 전에 하는 유료시합.

예문 일본은 대지진 여파로, 예정된 J리그 시범경기를 모두 취소했다.

日本(にほん)は大地震(だいじしん)の余波(よは)で、予定(よてい)されていたJリーグのプレシーズンマッチを全(すべ)て中止(ちゅうし)した。

1회 초
【-回初】

1回表(いっかいおもて) ↔ 1回裏(いっかいうら)〈1회 말〉

예문 박한이 선수가 수비 중 부상으로 1회 초에 교체되었습니다.

パク・ハニ選手(せんしゅ)が、守備(しゅび) 中(ちゅう) 負傷(ふしょう)で1回表(いっかいおもて)に交替(こうたい)しました。

예문 LG 트윈스와 두산 베어스 경기에서, LG 김태완이 1회 말 공격에서 만루홈런을 쳤다.

LGツインズと斗山(とさん)ベアーズの試合(しあい)で、LGのキム・テワンが、1回裏(いっかいうら)の攻撃(こうげき)で満塁(まんるい)ホームランを放(はな)った。

자살골 【自殺goal】

オウンゴール 【Own goal】

예문 여자 : 자살골을 넣으면 상대편의 득점으로 기록되나요?

남자 : 맞아요.

女性：オウンゴールを入れたら、相手側の得点として記録されるんですか？

男性：そうですよ。

예문 2010 남아공월드컵 일본 잉글랜드전에서 일본은 무려 자책골만 2골을 기록하고 1−2로 패하였다.

2010年の南アフリカ共和国ワールドカップ、日本対イングランド戦で、日本はなんとオウンゴールだけで2ゴールを記録し、1-2で敗れた。

추가시간 【追加時間】

ロスタイム【loss time】△, アディショナルタイム 【Additional time】

해설 'ロスタイム'가 일반적이지만, 요즘에는 일부 TV 방송 등에서는 'アディショナルタイム'를 사용한다.

예문 그는 후반 추가시간에 극적인 역전 골을 터트리며 팀의 승리를 이끌었다.

彼は後半ロスタイムに劇的な逆転ゴールを決め、チームを勝利に導いた。

예문 축구처럼 인생에도 마지막에 여생을 정리할 수 있게 추가시간이 주어지면 좋을텐데 말이야.

サッカーのように、人生にも最後に残された時間を整理できるよう、ロスタイムが与えられたらいいのに…。

출전
【出戦】

出場(しゅつじょう)

해설 일본에서는 '경기에 나가다'의 뜻으로는 '出場(출장)'을 사용한다.

예문 그럼 이제부터 출전선수들의 명단을 발표하겠습니다

それではこれから出場選手(しゅつじょうせんしゅ)のリストを公表(こうひょう)します。

예문 A : 올림픽 탁구경기에 베트남은 출전했나?

B : 중국밖에 기억이 안 나네….

A : オリンピックの卓球競技(たっきゅうきょうぎ)にベトナムは出場(しゅつじょう)したっけ？

B : 中国(ちゅうごく)しか思(おも)い出(だ)せないなぁ…。

참고 운동경기종목

골프【golf】	ゴルフ
궁도【弓道】	弓道(きゅうどう)
노르딕복합【nordic複合】	ノルディック複合(ふくごう)
농구【籠球】	バスケットボール/バスケ
다트【dart】	ダーツ
럭비【rugby】	ラグビー
레슬링【wrestling】	レスリング
루지【luge】	リュージュ
모굴【mogul】	モーグル
바이애슬론【biathlon】	バイアスロン
배구【排球/volleyball】	バレーボール
배드민턴【badminton】	バドミントン

번지 점프【bungee jump】	バンジージャンプ
보디 빌딩【body building】	ボディビル
복싱【boxing】	ボクシング
봅슬레이【bobsleigh】	ボブスレー
사격【射擊】	射撃 (しゃげき)
사이클【cycle】	自転車 (じてんしゃ)
산악자전거【山岳自轉車】	マウンテンバイク
서핑【surfing】	サーフィン
쇼트트랙【short track speed skating】	ショートトラック
수영【水泳】	水泳 (すいえい)
스노보드【snow board】	スノーボード
스켈레톤【skeleton】	スケルトン
스쿼시【squash】	スカッシュ
스키점프【ski jump】	スキージャンプ
스피드스케이팅【speed skating】	スピードスケート
승마【乘馬】	乗馬 (じょうば)
아이스하키【ice hockey】	アイスホッケー
알파인스키【alpine skiing】	アルペンスキー
양궁【洋弓】	アーチェリー
역도【力道】	ウエイトリフティング
요트【yacht】	ヨット
유도【柔道】	柔道 (じゅうどう)

육상【陸上】	陸上(りくじょう)
조정【漕艇】	ボート
체조【體操】	体操(たいそう)
축구【蹴球】	サッカー
카누/카약【canoe/Kayaks】	カヌー/カヤック
컬링【curling】	カーリング
크로스컨트리【cross country skiing】	クロスカントリー(スキー)
탁구【卓球】	卓球(たっきゅう)
태권도【跆拳道】	テコンドー
테니스【tennis】	テニス
트라이애슬론【triathlon】	トライアスロン
팔씨름	アームレスリング, 腕相撲(うでずもう)
패러글라이더【para glider】	パラグライダー
펜싱【fencing】	フェンシング
풋살【futsal】	フットサル
프리스타일스키【freestyle skiing】	フリースタイルスキー
피겨스케이팅【figure skating】	フィギュアスケート
피구【避球】	ドッジボール
필드하키【field hockey】	ホッケー
해머던지기	ハンマー投(な)げ
핸드볼【handball】	ハンドボール

부록

Column

- 외래어의 표기규칙
- 나라, 지역이름
- 도시이름
- 인명
- 영어 색읽기
- 일본에는 없는 한국 한자어
- 일본어와 뜻이 다른 한국 한자어
- 색인

칼럼1 외래어의 표기규칙 外来語表記のルール

한국인에게 있어서 일본어 외래어 표기는 이해하기 어려운 점이 많다. 그 이유는 언어 마다 발음과 언어구조가 다르기 때문이다. 즉, 영어의 [æ]를 한국인은 '애'로 표기하고, 일본인은 '**エ·ア**'로 표기하는것은 서로 발음이 다르기 때문이다. 【예】 apple[æpl] = 애플[한국어], **アップル**[일본어]. 또한, 언어구조 차이로 한국어는 종성에 자음이 올 수 있지만, 일본어는 촉음(**っ**) · 발음(**ん**) 이외에는 모음이 온다. 【예】 hot[hɑ:t] = 핫[한국어], **ホット**[일본어]. 하지만 한국어와 일본어의 외래어 표기는 완전하지는 않지만 일정한 규칙이 있다. 다음의 규칙을 참고하면 쉽게 익힐 수 있을 것이다.

1. 모음

규칙 ① ㅐ([æ]) → **ア**

[æ]는 한국어로 'ㅐ'로 쓰지만, 일본어는 '**ア**'단으로 표기한다.

내추럴【natural】	ナチュラル	[nætʃrəl]
매뉴얼【manual】	マニュアル	[mænjuəl]
샌들【sandal】	サンダル	[sændl]

규칙② ㅓ([ʌ][ə]) → **ア**

[ʌ][ə]는 한국어로 'ㅓ'로 쓰지만, 일본어는 '**ア**'단으로 표기한다.

예외) 트리트먼트【treatment】 トリートメント [trí:tmənt]

커트【cut】	カット	[kʌt]
클라이언트【client】	クライアント	[klaiənt]
허니【honey】	ハニー	[hʌni]

규칙③ [iə]:이어 → ア, ヤ

[iə]는 한국어로 '이어'로 쓰지만, 일본어로는 'ア' 또는 'ヤ'로 표기한다.

배지터리언 【vegetarian】	ベジタリアン	[vedʒəteriən]
와이어 【wire】	ワイヤー	[waiə(r)]
이어폰 【ear phone】	イヤフォン	[íərfòun]
플레이어 【player】	プレーヤー	[pleiə(r)]

2. 자음

규칙④ ㅍ ([f]) → ファ・ハ행

[f]가 모음 앞에 올 경우, 한국어는 'ㅍ'로 표기하지만,
일본어는 'ファ・フィ・フ・フェ・フォ' 또는 'ハ'행으로 표기한다.

색소폰 【saxophone】	サクソフォン	[sǽksəfòun]
소파 【sofa】	ソファー	[soufə]
커피 【coffee】	コーヒー	[kɔ́:fi]
패스트푸드 【fast-food】	ファーストフード	[fǽstfú:d]
필름 【film】	フィルム	[film]

규칙⑤ ㅂ([v]) → バ・ウィ・ヴァ행

[v]은 일본어에서는 バ행이나 ウィ로 표기하는 것이 일반적이다.
하지만 요즘은 ヴァ행으로 표기하는 경우도 많다.

바이올린 【violin】	バイオリン, ヴァイオリン	[vaiəlin]
보컬 【vocal】	ボーカル, ヴォーカル	[voukl]
비엔나소시지 【Vienna sausage】	ウィンナー(ソーセージ)	[vienə sɔ:sidʒ]

규칙⑥ ㄹ+ㄹ([l]) →ラ행

[l]이 모음 앞에 올 때, 일본어는 'ラ'행으로 표기한다.

딜레마【dilemma】	ジレンマ	[dilemə]
에스컬레이터【escalator】	エスカレーター	[éskəlèitər]
칼럼【column】	コラム	[kɑ:ləm]

규칙⑦ ㅅ([t]) →ト

한국어는 받침이 있어서 자음이 어말에 올 수 있지만, 일본어는 없다.
영어의 [N]이외의 자음을 일본어로 표기할 때는 기본적으로 모음을 더한다.

재킷, 자켓【jacket】	ジャケット	[dʒǽkit]
초코렛【chocolate】	チョコレート	[tʃɑ:klət]
핫【hot】	ホット	[hɑ:t]

규칙⑧ 시 ([ʃ]) →ッシュ

어말의 [ʃ]는 한국어로는 '시'로 쓰지만 일본어에서는 'ッシュ'로 표기한다.

캐시【cash】	キャッシュ	[kæʃ]
플래시【flash】	フラッシュ	[flæʃ]
피시【fish】	フィッシュ	[fiʃ]

규칙⑨ 티([ti/ti:]) → チ, ティ

[ti, ti:]는 '티'로 쓰지만, 일본어로는 'チ' 혹은 'ティ'로 표기한다.

티켓【ticket】	チケット	[tikit]

팀【team】	チーム	[tiːm]
파티【party】	パーティー	[pɑːrti]

3. 일본어 특수 발음(촉음/장음/발음)

A. 촉음(促音)

> **규칙⑩ 내파음의 받침 → ッ(촉음)**
>
> 영어에는 음소〈音素〉로서 존재하지 않지만, 폐쇄만 되고 파열이 일어나지 않는 것처럼 들리는 것에 대해 일본어에서는 촉음 'ッ'로 표기한다. 단, 일본어의 경우 기본적으로 촉음 'ッ'는 어미에 오지 않으므로 어미에는 모음을 더하여 개음절로 표기한다.

인덱스【index】	インデックス	[indeks]
록【rock (music)】	ロック	[rɑːk]
업【up】	アップ	[ʌp]

B. 장음(長音)

> **규칙⑪ 영어의 장음은 '–'로 표시**
>
> 장모음 [ː]는 장음 'ー'로 표기한다.

볼【ball】	ボール	[bɔːl]
부츠【boots】	ブーツ	[buːts]
워킹홀리데이【working holiday】	ワーキングホリデー(ワーホリ)	[wəːrkiŋ hɑːlədei]

규칙 ⑫ 어말의 'ㅓ'는 장음으로 표기

어미 '-er, or'은 장음 'ー'로 표기한다. 예외) 도어 **ドア**【door】

샤워【shower】	シャワー	[ʃáuər]
엘리베이터【elevator】	エレベーター	[eliveitə(r)]
투어【tour】	ツアー	[tuər]

규칙⑬ [ei][ou] → エー・オー, エイ・オウ

[ei][ou]는 장음 '**エー**', '**オー**'로 쓰지만, 요즘은 '**エイ**', '**オウ**'도 많이 쓴다.

셰이크【shake】	シェーク, シェイク	[ʃeik]
쇼【show】	ショー	[ʃou]
케이크【cake】	ケーキ	[keik]
플레이【play】	プレー, プレイ	[plei]

규칙⑭ [-ry], [-gy], [-py] → リー・ギー・ピー

어미가 -ry, -gy, -py 의 경우 일반적으로 장음 'ー'로 표기한다.

블루베리【blueberry】	ブルーベリー	[blu:beri]
에너지【energy】	エネルギー	[enərdʒi]
카피【copy】	コピー	[kɑ:pi]
크리스피【crispy】	クリスピー	[krispi]

C. 발음(撥音)

규칙⑮ ㅇ[ŋ] → ング

단어 중의 [ŋ]은 'ング'로 표기한다.

링【ring】	リング	[riŋ]
킹콩【King Kong】	キングコング	[kiŋ kɔ́:ŋ]

규칙⑯ ㅁ → ン・ム

[m]+자음'의 경우는 'ン'으로 표기한다. 단, 어미 [m]은 'ム'로 표기한다.

캠프【camp】	キャンプ	[kæmp]
햄【ham】	ハム	[hæm]

규칙⑰ ㄴ → ン

어미 [n]은 'ン' 으로 표기한다.

콘【corn】	コーン	[kɔ:rn]
퀸【queen】	クィーン	[kwi:n]

나라 · 지역이름 国名、地域名

1	서구【西歐】	欧米(おうべい)
2	유럽【Europe】	ヨーロッパ, 欧州(おうしゅう)
3	한반도【韓半島】	朝鮮半島(ちょうせんはんとう)
4	그리스【Greece】	ギリシャ
5	네덜란드【Netherlanden】	オランダ
6	노르웨이【Norway】	ノルウェー
7	뉴질랜드【New Zealand】	ニュージーランド
8	독일【獨逸】	ドイツ
9	말레이시아【Malaysia】	マレーシア
10	미국【美國】	アメリカ・米国(べいこく)
11	미얀마【Myanmar】	ミャンマー
12	방글라데시【Bangladesh】	バングラディシュ
13	벨기에【Belgium】	ベルギー
14	북한【北韓】	北朝鮮(きたちょうせん)
15	스위스【Switzerland】	スイス
16	스페인【España】	スペイン
17	싱가포르【Singapore】	シンガポール
18	아랍에미리트【UAE】	アラブ首長国連邦(しゅちょうこくれんぽう)
19	아르헨티나【Argentina】	アルゼンチン

20	아이티【Haïti】	ハイチ
21	아일랜드【Ireland】	アイルランド
22	영국【英國】	イギリス
23	오스트리아【Österreich】	オーストリア
24	이집트【Egypt】	エジプト
25	이탈리아【Italia】	イタリア
26	칠레【Chile】	チリ
27	캐나다【Canada】	カナダ
28	케냐【Kenya 】	ケニア
29	쿠바【Cuba 】	キューバ
30	터키【Turkey】	トルコ
31	튀니지【Tūnis】	チュニジア
32	페루【Peru】	ペルー
33	폴란드【Poland】	ポーランド
34	프랑스【France】	フランス
35	핀란드【Finland】	フィンランド
36	필리핀【Philippines】	フィリピン
37	헝가리【Hungary】	ハンガリー
38	호주【濠洲】	オーストラリア

칼럼3 도시이름 都市名

1	광저우 【Guangzhou】	こうしゅう 広州
2	뉴델리 【New Delhi】	ニューデリー
3	뉴욕 【New York】	ニューヨーク
4	두바이 【Dubai】	ドバイ
5	디트로이트 【Detroit】	デトロイト
6	런던 【London】	ロンドン
7	로스앤젤레스 【Los Angeles】	ロサンゼルス
8	리우데자네이루 【Rio de Janeiro】	リオ・デ・ジャネイロ
9	마닐라 【Manila】	マニラ
10	마드리드 【Madrid】	マドリード
11	마이애미 【Miami】	マイアミ
12	모스크바 【Moscow】	モスクワ
13	뮌헨 【München】	ミュンヘン
14	밀라노 【Milano】	ミラノ
15	방콕 【Bangkok】	バンコク
16	밴쿠버 【Vancouver】	バンクーバー
17	베를린 【Berlin】	ベルリン
18	보스턴 【Boston】	ボストン
19	부에노스아이레스 【Buenos Aires】	ブエノスアイレス

20	북경(베이징) 【Beijing】	ぺきん 北京
21	브뤼셀 【Brussels】	ブリュッセル
22	빈 【Vienna】	ウィーン
23	상파울루 【São Paulo】	サンパウロ
24	샌프란시스코 【San Francisco】	サンフランシスコ
25	선전 【Shenzhen】	しんせん 深圳
26	스톡홀름 【Stockholm】	ストックホルム
27	시드니 【Sydney】	シドニー
28	암스테르담 【Amsterdam】	アムステルダム
29	애틀랜타 【Atlanta】	アトランタ
30	요하네스버그 【Johannesburg】	ヨハネスブルグ
31	이스탄불 【İstanbul】	イスタンブル
32	충칭 【Chongqing】	じゅうけい 重慶
33	취리히 【Zürich】	チューリッヒ
34	카이로 【Cairo】	カイロ
35	코펜하겐 【Copenhagen】	コペンハーゲン
36	쿠알라룸푸르 【Kuala Lumpur】	クアラルンプール
37	프랑크푸르트 【Frankfurt】	フランクフルト
38	호찌민 【Hồ Chí Minh】	ホーチミン

칼럼4 인명 人名

'배용준'은 'ペ・ヨンジュン'? 'ベ・ヨンチュン'? 한국인 인명〈人名〉을 일본어로 표기할 때 틀리는 경우가 많으므로 주의해야 한다. 표기가 어려운 원인은 우선 한국어 발음이 일본어에 없기 때문이나. 예를 들면 'ㅓ'는 일본어에는 없는 발음이기 때문에, 가장 가까운 발음 'オ'로 적는다. 이 때문에 '배영준' 혹은 '배용준'이라도 일본어에서는 'ペ・ヨンジュン'으로 적는다.

또 언어 구조의 차이도 하나의 원인이다. 예를 들면 일본어는 '유성음•무성음(有声音・無声音)'의 대립이 있다〈예 : 'か','が'와 같이 탁음으로 구별한다〉.

한편, 한국어는 '유성음•무성음'의 대립이 없다. 그러나 실제 발음에서는 유성음으로 발음하는 경우가 있기 때문에, 일본인에게는 '한국'이란 단어의 '국' 은 'グク'라고 탁음이 있는 'グ'라고 인식한다. 따라서 [한국인 이름을 일본어로 표기할 경우] ①②와 같은 문제도 나타난다.

한국인 이름을 일본어로 탁음으로 표기할 경우, 절대적인 규칙은 없지만, 일반적으로 아래와 같이 표기한다.

[한국인 이름을 일본어 탁음으로 표기할 경우]

① 한국어 평음〈平音ㄱㄷㅂㅈㅅ〉 중, 「ㄱㄷㅂㅈ」은 어두에서는 무성음이지만, 어중에서는 유성음화 한다. 따라서 한국인 이름을 일본어로 표기할 경우, 대부분 성〈첫째 문자〉은 탁음〈"〉없이 표기한다.

예 최 지우 = チェ・ジウ

② 일반적으로 〈성을 뺀〉 이름의 첫째 문자, 둘째 문자는 모두 탁음〈"〉으로 표기한다.

예 장 동건 =チャン・ドンゴン

1	간디	ガンジー〈ガンディー〉
2	고흐	ゴッホ
3	김연아	キム・ヨナ
4	김태희	キム・テヒ
5	덩샤오핑	鄧小平（とうしょうへい）
6	마릴린먼로	マリリンモンロー
7	마오쩌둥	毛沢東（もうたくとう）
8	마이클잭슨	マイケルジャクソン
9	바흐	バッハ
10	박지성	パク・チソン (※예외)
11	반기문	パン・ギムン
12	배용준	ペ・ヨンジュン
13	브래드 피트	ブラッド・ピット
14	비(RAIN)	ピ
15	성룡	ジャッキー・チェン
16	오드리 햅번	オードリー・ヘップバーン
17	유노윤호〈동방신기〉	ユンホ〈東方神起（とうほうしんき）〉
18	이소룡	ブルース・リー
19	이승엽	イ・スンヨプ
20	장동건	チャン・ドンゴン
21	찰리 채플린	チャーリー・チャップリン
22	테레사 수녀	マザー・テレサ
23	후진타오	胡錦濤（こきんとう）

영어〈색깔명〉英語の色の名前

1	골드【gold】	ゴールド，金色(きんいろ)
2	그레이【gray】	グレー，灰色(はいいろ)
3	그린【green】	グリーン，緑色(みどりいろ)
4	네이비【navy】	ネイビー，紺色(こんいろ)
5	레드【red】	レッド，赤(あか)
6	베이지【beige】	ベージュ
7	브라운【brown】	ブラウン，茶色(ちゃいろ)
8	블랙【black】	ブラック，黒(くろ)
9	블루【blue】	ブルー，青(あお)
10	실버【silver】	シルバー，銀色(ぎんいろ)
11	아이보리【ivory】	アイボリー
12	옐로우【yellow】	イエロー，黄色(きいろ)
13	오렌지【orange】	オレンジ，△だいだい色(いろ)
14	퍼플【purple】	パープル，紫色(むらさきいろ)
15	핑크【pink】	ピンク，△桃色(ももいろ)
16	화이트【white】	ホワイト，白(しろ)

일본에는 없는 한국 한자어 日本にはない韓国の漢字語

1	가령【假令】	例(たと)え, 例(たと)えば, もしも
2	가문【家門】	家柄(いえがら), 一門(いちもん)
3	간혹【間或】	たまに, 時々(ときどき)
4	감기【感氣】	風邪(かぜ)
5	객지【客地】	よその土地(とち), 異郷(いきょう)
6	경치【景致】	景色(けしき)
7	계좌【計座】	口座(こうざ)
8	고생【苦生】	苦労(くろう)
9	궁리【窮理】	思案(しあん)
10	남편【男便】	夫(おっと)
11	농담【弄談】	冗談(じょうだん)
12	뇌물【賂物】	賄賂(わいろ)
13	능숙【能熟】	巧(たく)み, 上手(じょうず)
14	능통【能通】	精通(せいつう)
15	단속【團束】	取(と)り締(し)まり
16	단점【短點】	短所(たんしょ)
17	당부【當付】	願(ねが)い, 頼(たの)み
18	당장【當場】	その場(ば), 即座(そくざ)に, 直(ただ)ちに
19	당황하다【唐慌-】	慌(あわ)てる

20	대답【對答】	返事(へんじ), 答(こた)え
21	대신【代身】	代理(だいり), 代(かわ)りに, 代行(だいこう)
22	대접【待接】	もてなし, 扱(あつか)い, 接待(せったい)
23	덕분【德分】	おかげ
24	덕택【德澤】	おかげ
25	도매【都賣】	卸売(おろしう)り
26	도장【圖章】	判子(はんこ)
27	만약【萬若】	もし
28	매진【賣盡】	売(う)り切(き)れ
29	맹세【盟誓】	誓(ちか)い
30	면도【面刀】	ひげそり
31	명심【銘心】	肝(きも)に銘(めい)ずること
32	명함【名銜】	名刺(めいし)
33	목수【木手】	大工(だいく)
34	문병【問病】	見舞(みま)い
35	문의【問議】	問(と)い合(あ)わせ
36	미장원【美粧院】	美容院(びよういん)
37	방【房】	部屋(へや)
38	방문【房門】	部屋(へや)の戸(と), ドア
39	방방곡곡【坊坊曲曲】	津々浦々(つつうらうら)
40	방학【放學】	学校(がっこう)の休(やす)み
41	법원【法院】	裁判所(さいばんしょ)
42	별고【別故】	変(か)わったこと

43	별세【別世】	逝去(せいきょ) ※가족에게는 쓰지 않는다.
44	복권【福券】	宝(たから)くじ
45	복도【複道】	廊下(ろうか)
46	부자【富者】	金持(かねも)ち
47	부통령【副統領】	副大統領(ふくだいとうりょう)
48	분홍【粉紅】	ピンク，桃色(ももいろ)
49	사과【沙果】	りんご
50	사과【謝過】	謝罪(しゃざい)
51	사양【辭讓】	遠慮(えんりょ)
52	사치【奢侈】	贅沢(ぜいたく)
53	상가【商街】	商店街(しょうてんがい)
54	상의【相議】	話(はな)し合(あ)い，相談(そうだん)
55	상처【傷處】	傷(きず)
56	생일【生日】	誕生日(たんじょうび)
57	서기【西紀】	西暦(せいれき)
58	석사【碩士】	修士(しゅうし)
59	선물【膳物】	贈(おく)り物(もの)
60	설령【設令】	たとえ
61	설사【設使】	たとえ
62	설탕【雪糖】	砂糖(さとう)
63	성금【誠金】	寄付金(きふきん)
64	성묘【省墓】	お墓参(はかまい)り
65	성함【姓銜】	お名前(なまえ)

66	세상【世上】	世間(せけん), 世の中(よのなか)
67	세수【洗手】	洗顔(せんがん)
68	소문【所聞】	噂(うわさ)
69	소주【燒酒】	焼酎(しょうちゅう)
70	소중【所重】	大切(たいせつ), 大事(だいじ)
71	소풍【逍風】	遠足(えんそく)
72	속담【俗談】	ことわざ
73	수표【手票】	小切手(こぎって)
74	시작【始作】	開始(かいし)
75	식구【食口】	家族(かぞく)
76	신세【身世】	世話(せわ)
77	심지어【甚至於】	それだけでなく, 〜うえに
78	약혼【約婚】	婚約(こんやく)
79	양산【陽傘】	日傘(ひがさ)
80	양치【養齒】	歯磨き(はみがき)
81	어차피【於此彼】	どうせ
82	여배우【女俳優】	女優(じょゆう)
83	여부【與否】	可否(かひ), 真偽(しんぎ)
84	역시【亦是】	やはり, やっぱり
85	염려【念慮】	心配(しんぱい)
86	예식장【禮式場】	結婚式場(けっこんしきじょう)
87	외모【外貌】	外見(がいけん), 見た目(みため)
88	용서【容恕】	容赦(ようしゃ), 許し(ゆるし)

89	우선【于先】	まず
90	우체국【郵遞局】	郵便局(ゆうびんきょく)
91	우표【郵票】	切手(きって)
92	원고지【原稿紙】	原稿用紙(げんこうようし)
93	위협【威脅】	脅(おど)し
94	유부남【有婦男】	既婚男性(きこんだんせい)
95	은하수【銀河水】	天(あま)の川(がわ)
96	음흉【陰凶】	陰険(いんけん)
97	이왕【已往】	せっかく，どうせ
98	인자【仁慈】	慈愛(じあい)
99	일기예보【日氣豫報】	天気予報(てんきよほう)
100	일제【日製】	日本製(にほんせい)
101	자정【子正】	深夜(しんや)の12時(じ)，零時(れいじ)
102	작별【作別】	別(わか)れ
103	작심삼일【作心三日】	三日坊主(みっかぼうず)
104	작정【作定】	つもり
105	장례【葬禮】	葬儀(そうぎ)
106	장점【長點】	長所(ちょうしょ)
107	절차【節次】	手続(てつづ)き
108	접수【接受】	受付(うけつけ)
109	정성【精誠】	真心(まごころ)，誠意(せいい)
110	조상【祖上】	先祖(せんぞ)
111	조심【操心】	用心(ようじん)，注意(ちゅうい)

112	주유소【注油所】	ガソリンスタンド【gasoline stand】△
113	지갑【紙匣】	財布(さいふ)
114	차례【次例】	順番(じゅんばん)
115	창문【窓門】	窓(まど)
116	책【册】	本(ほん)
117	책상【册床】	机(つくえ)
118	처지【處地】	境遇(きょうぐう), 立場(たちば)
119	초인종【招人鐘】	呼(よ)び鈴(りん), ベル【bell】
120	치약【齒藥】	歯磨(はみが)き粉(こ)
121	친구【親舊】	友達(ともだち)
122	친정【親庭】	実家(じっか)
123	타자【打字】	タイピング【typing】
124	타향【他鄕】	異郷(いきょう), よその土地(とち)
125	퇴근【退勤】	退社(たいしゃ), 帰宅(きたく)
126	편의점【便宜店】	コンビニ【convenience store】
127	편지【便紙】	手紙(てがみ)
128	폐【弊】	迷惑(めいわく)
129	폭설【暴雪】	豪雪(ごうせつ)
130	폭우【暴雨】	豪雨(ごうう)
131	한가【閑暇】	暇(ひま), のんびり
132	한심【寒心】	情(なさ)けないこと, どうしようもない
133	항구【港口】	港(みなと)
134	해물【海物】	海鮮(かいせん), シーフード【seafood】

135	행성【行星】	わくせい 惑星
136	현모양처【賢母良妻】	りょうさいけんぼ 良妻賢母
137	형편【形便】	ぐあい　つごう　なゆ 具合，都合，成り行き
138	호소【呼訴】	うった 訴え
139	화【火】	いか 怒り
140	화분【花盆】	うえきばち 植木鉢
141	화투【花鬪】	はなふだ 花札
142	환갑【還甲】	かんれき 還暦
143	후렴【後斂】	く　かえ 繰り返し
144	흡연【吸煙】	きつえん 喫煙
145	희비극【喜悲劇】	ひきげき 悲喜劇

일본어와 뜻이 다른 한국 한자어 日本語と意味が異なる韓国の漢字語

	한국어	일본어	설명
1	거래【去來】	取引(とりひき)	「去来(きょらい)」는 '오고 감, 왕래'를 의미한다.
2	경우【境遇】	場合(ばあい)	「境遇(きょうぐう)」는 '처지, 환경'을 의미한다.
3	공부【工夫】	勉 強(べんきょう)	「工夫(くふう)」는 궁리해서 뭔가 하는 것을 의미한다.
4	근사【近似】	素敵(すてき)	「近似(きんじ)」는 '비슷한 것'을 의미한다.
5	내일【來日】	明日(あした)	「来日(らいにち)」는 '외국인이 일본으로 오다'는 뜻이다.
6	다정【多情】하다	情(なさ)け深(ぶか)い	「多情(たじょう)」는 '바람기가 있음' '정이 많음'을 뜻한다.
7	물건【物件】	物(もの)	「物件(ぶっけん)」은 주로 '부동산'을 의미한다.
8	상대【相對】	相手(あいて)	「相対(そうたい)」는 '상대, 마주봄' 등을 의미한다.
9	생선【生鮮】	魚(さかな)	「生鮮(せいせん)」은 '싱싱함'을 의미한다.
10	인도【人道】	歩道(ほどう)	「人道(じんどう)」는 '사람이 지켜야 할 도리'를 의미한다.

11	인삼【人蔘】	高麗人参(こうらいにんじん)	「人参(にんじん)」은 '당근'을 의미한다.
12	자식【子息】	息子(むすこ)/子供(こども)	남의 자식에 대해서만 「ご子息(しそく)」로 쓴다.
13	절반【折半】	折半(せっぱん), 半分(はんぶん)	돈을 절반씩 나누는 것을 「折半(せっぱん)する」라고 한다.
14	점심【點心】	昼食(ちゅうしょく)/お昼(ひる)ご飯(はん)	「点心(てんしん)」은 간단한 식사나 디저트를 뜻한다.
15	정녕【丁寧】	どうしても	「丁寧(ていねい)」는 '정중함'을 의미한다.
16	제일【第一】	一番(いちばん), 最(もっと)も	「第一(だいいち)」는 주로 '첫 번째'를 의미한다.
17	중매【仲媒】	お見合(みあ)い	「仲媒(ちゅうばい)」는 '매개'를 의미한다.
18	총각【總角】	独身男性(どくしんだんせい)	「総角(そうかく)」는 고대 소년의 머리 모양을 의미한다.
19	추석【秋夕】	韓国(かんこく)のお盆(ぼん)	「秋夕(しゅうせき)」는 '가을 저녁'을 의미한다.
20	팔자【八字】	運命(うんめい)	「八字(はちじ)」는 '여덟글자'를 의미한다. =八文字(はちもじ)

부록 색인 索引(さくいん)